hito*yume book

「縦と横」で考える

カリキュラム・デザイン

國學院大學教授
田村　学　編著

文溪堂

まえがき

教育課程の基準の改訂では、新しい時代に必要となる「資質・能力」の育成が前面に打ち出されています。

「知識及び技能」「思考力、判断力、表現力等」「学びに向かう力、人間性等」こうした実社会に活用できる「資質・能力」を子どもたち一人ひとりが確かな形で身に付ける…これが学習指導要領の目指している方向性になります。

子どもを主体として「何ができるようになるか」に大きく光を当てたときに、「どのように学ぶか」といった日々の授業、教育活動の充実が求められるようになったわけです。「資質・能力」の育成がゴールとしての大きな目標になるわけですが、その目標の実現のために、一人ひとりの子どもたちには「主体的・対話的で深い学び」をしてほしいということです。

「主体的・対話的で深い学び」の実現を通した「資質・能力」の育成には両輪があります。一つは「アクティブ・ラーニング」の視点による授業改善、もう一つが各学校における「カリキュラム・マネジメント」の充実です。

学習指導要領が施行され、「授業改善」は、全国の多くの学校でかなり明確になってきています。

学校現場で「何を教えるか」という指導者の視点から、「何ができるようになるか」という学習者の視点への、教師の意識転換が浸透しているように感じます。

ではもう一つの「カリキュラム・マネジメント」は、どうでしょうか。

カリキュラム・マネジメントという言葉自体は、重要なキーワードとして定着したものの、まだまだ具体が見えないという状況にあります。

もちろん先進的な取り組みを続ける学校もありますし、地域との連携が功を奏した実例も多数見られます。しかし、具体的な取り組みが個々の教師任せになり、学校全体の体制として整っていないことが課題となるなど、現場での取り組みにはかなりのばらつきがあるのも事実です。

カリキュラム・マネジメントの必要性が理解されていながら、実践に踏み込めない理由は何か。

それは、カリキュラム・マネジメントという言葉が多様な内容を含んでおり、あれもこれも考えなければならないため、何をすればよいのか、どこから手を付ければよいのかわからない。さらに、具体的な実践例、成功例を身近に感じ、「やってみよう」と思うことができないからではないでしょうか。

そこで本書では、カリキュラム・マネジメントの中でも中核となるカリキュラム・デザインにスポットを当てていきます。

カリキュラム・デザインを縦・横で考えることで、より具体的に、すっきりとご理解いただけるものと思います。

具体的な実践例を取り上げ、詳細な解説を加えました。どこの学校でも、すぐに取り入れやすいポイントも紹介しています。

教師間の連携やチームワークが向上した事例や、校内の教師集団が協働的になり、他の学年や学級、他教科等への学びへの理解が進んでいった事例、地域の教材・人材の参画が生まれ、地域との連携も深まり、「社会に開かれた教育課程」の実現につながった例も参考になると思います。

生き生きとした子どもの学びの姿の実現に、カリキュラム・マネジメントを役立ててみませんか。まずは、カリキュラム・デザインを縦・横で考えることから始めましょう。

もくじ

第1章では、
カリキュラム・マネジメントの
考え方を紹介するとともに、
カリキュラム・デザインを
縦と横で考えていきます。

第1章

カリキュラム・マネジメントとは？

～カリキュラム・デザインを縦・横で考える～

カリキュラム・マネジメントを考えるその前に…

「知識及び技能」「思考力、判断力、表現力等」「学びに向かう力、人間性等」このような「資質・能力」を子どもたち一人ひとりが確かな形で身に付ける…これが学習指導要領の目指している方向性になります。したがって、今回の学習指導要領では、各教科等の目標も、それぞれこの三つの「資質・能力」で整理され示されました。

改めてキーワードを整理しておきましょう。「資質・能力の育成」これが最大の目標です。そのためには、子どもたちに「主体的・対話的で深い学び」をしてほしい。この「主体的・対話的で深い学び」を実現するには、両輪が必要です。

一つはアクティブ・ラーニングの視点による授業改革（授業のイノベーション）、そしてもう一つが「カリキュラム・マネジメント」の充実です。

このように捉えていただくと、今回の改訂の大きな構造が見えてくると思います。

学習指導要領改訂の方向性

新しい時代に必要となる資質・能力の育成と、学習評価の充実

学びを人生や社会に生かそうとする
学びに向かう力・人間性の涵養

生きて働く**知識・技能**の習得

未知の状況にも対応できる
思考力・判断力・表現力等の育成

何ができるようになるか

よりよい学校教育を通じてよりよい社会を創るという目標を共有し、
社会と連携・協働しながら、未来の創り手となるために必要な知識や力を育む
「社会に開かれた教育課程」の実現

各学校における「カリキュラム・マネジメント」の実現

何を学ぶか

新しい時代に必要となる資質・能力を踏まえた
教科・科目等の新設や目標・内容の見直し

小学校の外国語教育の教科化、高校の新科目「公共(仮称)」の新設など

各教科等で育む資質・能力を明確化し、目標や内容を構造的に示す

学習内容の削減は行わない※

どのように学ぶか

主体的・対話的で深い学び(「アクティブ・ラーニング」)
の視点から学習過程の改善

生きて働く知識・技能の習得など、新しい時代に求められる資質・能力を育成

知識の量を削減せず、質の高い理解を図るための学習過程の質的改善

深い学び
対話的な学び
主体的な学び

※高校教育については、些末な事実的知識の暗記が大学入学者選抜で問われることが課題になっており、
そうした点を克服するため、重要用語の整理等を含めた高大接続改革等を進める。

育成を目指す資質・能力の三つの柱

学びに向かう力
人間性等

どのように社会・世界と関わり、
よりよい人生を送るか

アクティブ・ラーニングの視点による
授業改善(授業のイノベーション)

カリキュラム・マネジメントの充実
(カリキュラムのデザイン)

何を理解しているか
何ができるか

知識・技能

理解していること・できる
ことをどう使うか

思考力・判断力・表現力等

(平成28年12月　中央教育審議会「答申」を参考に作成)

主体的・対話的で深い学び

本題のカリキュラム・マネジメントに入る前に、「主体的・対話的で深い学び」について考えておきたいと思います。

まえがきに記したように、「実社会で活用できる資質・能力を育てよう」というのが、現在の学習指導要領の大きな目標です。学力の国際比較における日本の子どもたちの表現力の弱さは以前から指摘されていますし、学校の勉強は実社会で使えないとも言われてきました。

そうした問題を解決するためには、学校の勉強自体が変わらなければいけません。しかもそういう力は教え込まれるものではなく、子どもたちが能動的に学習（アクティブ・ラーニング）していかないと育たないのです。

「アクティブ」というと、つい身体が動くことと思いがちですが、むしろ頭の中が動くこと、頭が活性化して脳内がアクティブになるイメージです。

このアクティブ・ラーニングという言葉は、平成29年の改訂以前から登場しています。非常にパワーのある言葉であり、子どもの主体的な学びに意識が向かうよう、授業イメージを変えてくれた言葉でした。しかし注目が「活動性」に行きすぎた面があり「主体的・対話的で深い学び」に整理されました。

本来は、もっと頭の中がアクティブになる、知識が駆動（ドライブ）する状態を指します。その意味では、授業中、先生の話を静かにただジーッと聞いていても、脳内が活性化し、とてもアクティブになっていることはありうるわけで、それも立派なアクティブ・ラーニングです。

実社会で役立つ「資質・能力」の育成には、身に付けた知識・技能を「活用・発揮」する「深い学び」に向かうような、確かな学びになっていることが重要です。そのため、特に「深い学び」の視点を意識した授業改善が求められているのです。

重要なポイントは、多くの知識をインプット（内化）し、アウトプット（外化）する。この認知プロセスであり、まさにそれを自分の意志で実現する、これが主体的ということになります（下図）。

「主体的な学び」は、**自分で自分の学びがコントロールできること、**と考えるとイメージしやすくなると考えています。

つまり、自分の課題を自分の力で解決し、その成果を自分のものとする、こういったことができるようになってくると、学びを自分自身の力でコントロールできるようになるというイメージです。

自分事の**本気で真剣な課題を、見通しをもちながら、自分で解決に向かう。と同時に、その学びを振り返り、次につなげること**と考えると「主体的な学び」のイメージも鮮明になってくるはずです。

深い学びの認知プロセス

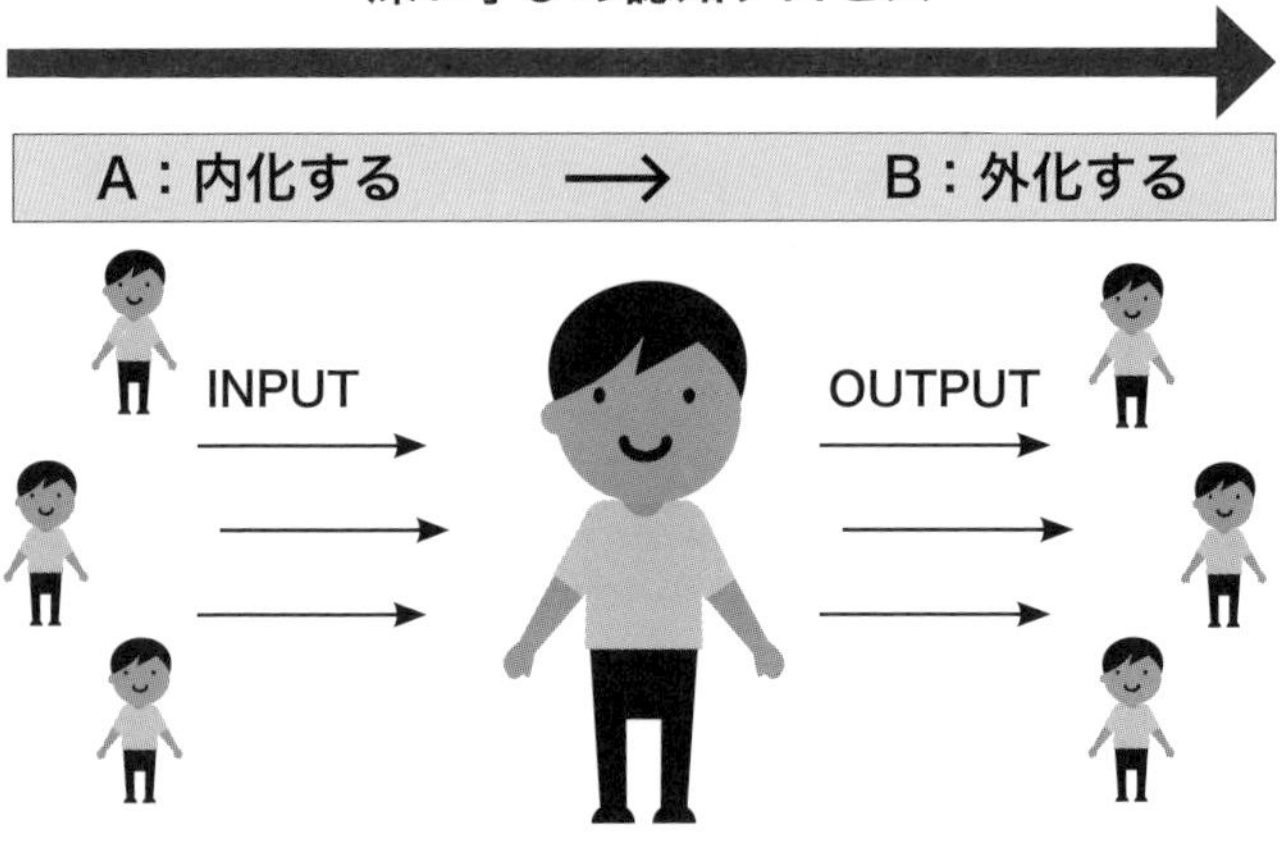

「対話的な学び」は、**異なる多様な他者と対話をすること**、と考えると、イメージしやすくなると思います。

子ども同士の対話のみならず、広く地域の人たち、あるいは時間を越えて先人の考えと向き合うこと、書籍や文献などを通して、子どもたちが対話をし、学ぶということも「対話的な学び」と考えることができそうです。

異なる多様な他者との対話では、多くの情報が入ってくるし、説明の機会も増えます。さらに、新たな知がクリエイトできるチャンスも生まれてくるはずであり、こういうことこそが、対話の本当の価値なのではないか。そう考えると、「対話的な学び」もイメージが豊かになるかもしれません。

「主体的な学び」「対話的な学び」に比べて、「深い学び」がわかりにくい、という声を聞きます。

我々が目指していく「深い学び」とは、おそらく主体と対話も含み込んだ、一体のものなのだと思います。

子どもたちが習得・活用・探究を視野に入れた各教科等の固有の学習過程（プロセス）の中で、それまで身に付けていた**知識や技能を存分に活用し、その結果、知識や技能が相互に関連付けられたり組み合わさったりして、構造化したり身体化したりしていくこと。つながり合い、結び付いて関連付いた知識の状態、つまり駆動する知識に向かっていくこと**を「深い学び」と考えるとよいのではないでしょうか。

そのためには、プロセスを重視することが大切になっていきます。

これまでの授業では、少々乱暴に言いますと、「子どもたちが先生の話を聞き、それをインプットしていく」…いわば暗記再生型の授業になっている傾向にありました。

これからの授業では、「子どもたち一人ひとりが自分で考え、友達に伝えていく」…インプットだけではなく、むしろアウトプットに力をかけていくことが大切になってきます。

このようなプロセスの充実こそが、期待する子どもたちの「資質・能力」の育成に向かっていく、というように考えていきたいものです。

インプットし内化した知識をアウトプットして外化することで、知識は「活用・発揮」されます。バラバラの粒状だった知識がつながり、ネットワーク化することで塊になる。こんなふうに考えると、下の図のように見えてくるのではないか。「資質・能力」を知識の粒の構造体として捉えることで、一つ一つの知識の重要性が再認識されると思います。

　これからの教育活動では、「資質・能力」を知識の粒レベルで構造化して示すこと、構造化された「資質・能力」を「塊」として言語化することが必要です。教師には構造化するための具体的な学習活動を自覚し、実施することが求められます。

　教師は、知識の粒がどんなふうに子どもたちの中に共有され、もたれているかを把握し、一つ一つの知識の粒を、どのような状態として獲得し、最終的にはどんな塊の構造体をつくるかを考える。それが授業改善であり、**塊の構造体をつくる指導計画上の工夫を考えることが、カリキュラム・デザイン**になります。

知識のネットワーク化

カリキュラム・マネジメントの三つの側面

この本の最初に、「主体的・対話的で深い学び」の実現を通した「資質・能力」の育成には両輪があると言いました。一つは授業改善であり、もう一つがカリキュラム・マネジメントです。

カリキュラム上も、いままで見てきた「深い学び」、あるいは「知識の構造化」を目指していこうというのが、「資質・能力」を育成するカリキュラム・マネジメントということになります。

カリキュラム・マネジメントにどう取り組むかを考える前に、まずカリキュラム・マネジメントについて知ることが必要です。

カリキュラム・マネジメントの三つの側面

①【内容の組織的配列(カリキュラム・デザイン)】
各教科等の教育内容を相互の関係で捉え、学校教育目標を踏まえた教科等横断的な視点で、その目標の達成に必要な教育の内容を組織的に配列していくこと。

②【PDCAサイクル】
教育内容の質の向上に向けて、子どもたちの姿や地域の現状等に関する調査や各種データ等にもとづき、教育課程を編成し、実施し、評価して改善を図る一連のPDCAサイクルを確立すること。

③【内外の資源の活用】
教育内容と、教育活動に必要な人的・物的資源等を、地域等の外部の資源も含めて活用しながら効果的に組み合わせること。

(平成28年12月　中央教育審議会「答申」を参考に作成)

カリキュラム・マネジメントについては、三つの側面を文部科学省が示していますので、これをもとに押さえておきましょう（右図）。

カリキュラム・マネジメントには三つの側面があります。

①内容の組織的配列（カリキュラム・デザイン）

②ＰＤＣＡサイクル

③内外の資源の活用

この三つの側面のどれもが「主体的・対話的で深い学び」に結び付くものであり、各学校が未来社会を見据え、どんな人材を育成すべきかを考えた際に必要となるものです。中でも「内容の組織的配列」、すなわち**カリキュラム・デザイン**が最重要と言えるのではないか、と私は考えています。

学習指導要領に示された内容を組織的に配列するカリキュラム・デザインは、学級担任や学習指導をする立場にとって、日々の授業と最も親和性の高い問題だからです。加えて、内容の組織的配列というカリキュラム・デザインこそがＰＤＣＡサイクルや内外の資源の活用にも結び付くと想像することができるからです。

カリキュラム・デザインの縦と横

カリキュラム・デザインは三つの階層に整理できます（左図）。

一つ目は、教育目標と学習指導要領が示している「資質・能力」の三つの柱を照らし合わせ、育てたい具体的な子ども像を描き「グランド・デザイン（全体計画）」を描く階層。二つ目は、学年ごとに教科等の年間指導計画を統合し、一枚で年間の学習活動を俯瞰できる「単元配列表」を描く階層。三つ目は、一連の問題解決のまとまりである「単元」を描く階層です。その次に、具体的な授業のデザインが存在することになります。

このカリキュラム・デザインの三つの階層が**カリキュラム・デザインの縦**になります。学校教育目標を、短期目標としての育成を目指す具体的な子どもの姿（資質・能力）に変換し、単位時間の授業まで縦にストンと落とし込むイメージです。

「グランド・デザイン」で明確にしたことが「単元配列

カリキュラム・デザインの三階層

①教育活動全体の関係を 「**グランド・デザイン**」として描く
②学年の学習活動を俯瞰して 「**単元配列表**」を描く
③一連の学習活動のまとまりとしての 「**単元**」を描く

表」に反映され、各学校で育成を目指す「資質・能力」が1単位時間に位置付けられ、評価につながるということです。

カリキュラム・デザインの横は下のようなイメージです。カリキュラムをデザインする際は、先に述べたように短期目標としての具体的に育てたい「資質・能力」の「活用・発揮」を各教科等間、教育課程全体で考えることを意識することが大切です。短期目標としての「資質・能力」をいかにして、「活用・発揮」するかを考えることが**カリキュラム・デザインの横**となります。

　教育目標から縦に落とし込んでいったものを、単元配列表で横展開させていく。カリキュラム・デザインの縦と横の結節点が単元配列表であると考えると、スッキリすると思います。

カリキュラム・デザインの縦と横

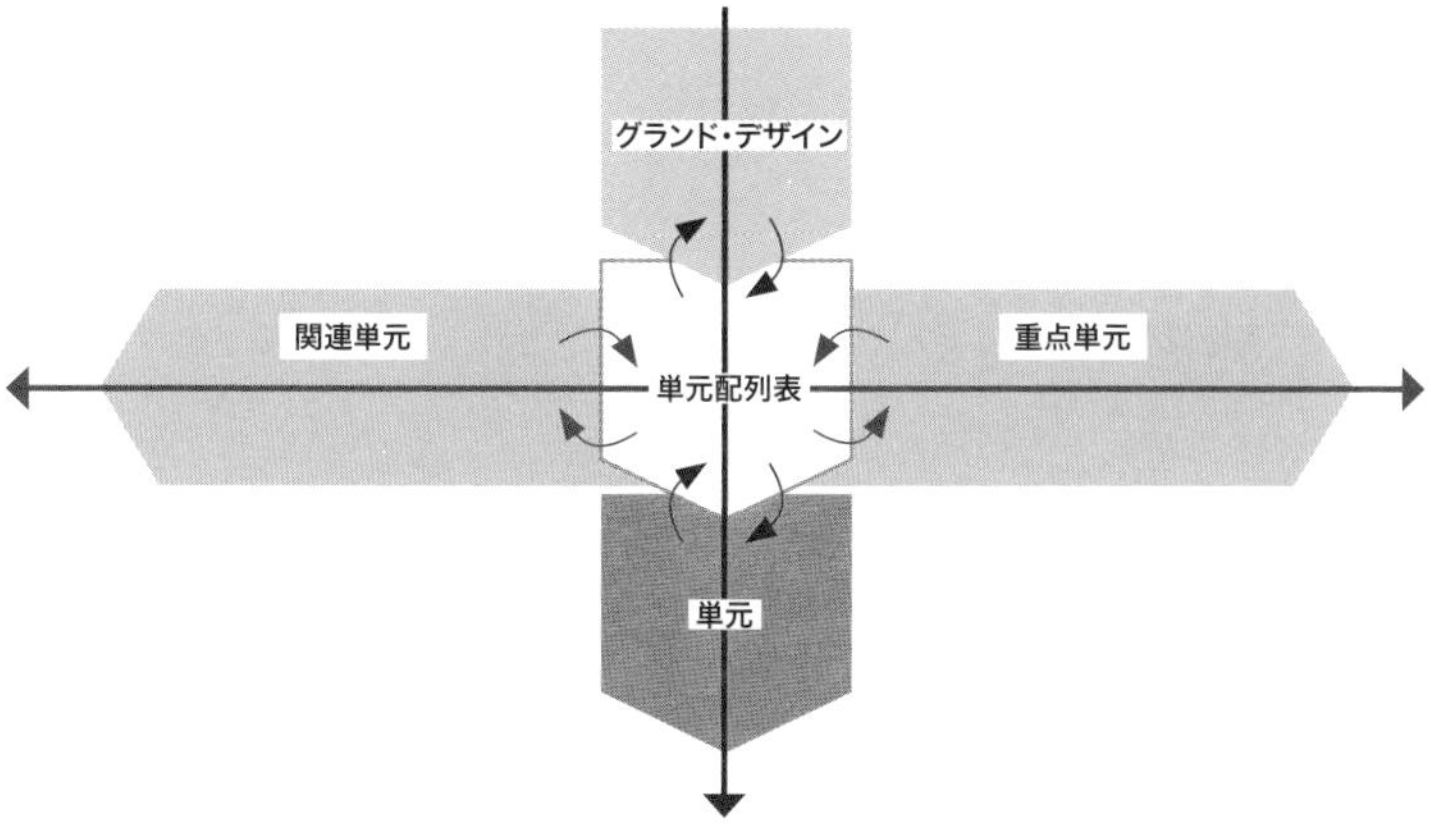

カリキュラム・デザインの縦 グランド・デザインを描く

教育目標については、小学校学習指導要領「第1章　総則」に次のように書かれています。

「教育課程の編成に当たっては、学校教育全体や各教科等における指導を通して育成を目指す資質・能力を踏まえつつ、各学校の教育目標を明確にするとともに、教育課程の編成についての基本的な方針が家庭や地域とも共有されるよう努めるものとする。その際、第5章総合的な学習の時間の第2の1に基づき定められる目標との関連を図るものとする。」

カリキュラム・デザインの三階層

①教育活動全体の関係を 「**グランド・デザイン**」として描く
②学年の学習活動を俯瞰して 「**単元配列表**」を描く
③一連の学習活動のまとまりとしての 「**単元**」を描く

一人ひとりの子どもに確かな「資質・能力」を育成するためには、全職員のみならず、地域や家庭とも共有できる「グランド・デザイン」を作成することの必要性が見えてきます。

グランド・デザインを描くために、まずは、長期目標としての教育目標を「育成を目指す子どもの姿」として具体的に描き、短期目標を明らかにしていきます。

学校の教育目標は、その学校の歴史や伝統、地域性、子どもたちの実態によって、長い時間をかけて検討され、共有されてきたものです。固有性や独自性、歴史や伝統をもった教育目標なのですから、そう簡単に、軽々に変えないほうがいいと、私は思っています。

大切なことは、それぞれの学校の教育目標の特徴、表現されている言葉の背景にある考えや願いに思いを馳せ、その具体的なイメージを鮮明にすることです。各学校がこれまで大事にしてきたことと、学習指導要領で示してある三つの「資質・能力」を照らし合わせて分析し、「私たちの学校が育てたい『具体的な子どもの姿』」を描き直していきます。

教育目標は知・徳・体で整理されたものが多く、一方、各教科等は「知識及び技能」「思考力、判断力、表現力等」「学びに向かう力、人間性等」の三つの「資質・能力」で示されています。両者が異なる視点で示されています。学校の教育目標を授業の水準に落とし込んでいけるよう、三つの「資質・能力」にブレイクダウンしていく必要があります。

知・徳・体で表現されている学校教育目標を次ページのようなマトリックス表に整理し、3×3の9個のセルにあてはまる子どもの姿、期待する子どもの姿を具体的に書き込んでいきます。

実際に書き出してみると、たくさん書けるセルとなかなか書けないセルが出てくるはずです。三本柱に均等に散らばることは少ないはずですが、むしろそれでよいのだと思います。それこそが、各学校の特徴だからです。マトリックス表に落とし込んでみることで、自校の教育目標の特徴がわかり、自校のストロングポイントやウィークポイントがわかります。

マトリックス表に子どもの姿を埋め込むことができたら、資質・能力ごとに統合していきます。次ページの手順3のように三つの柱で横串を刺すと、各学校で育てたい子どもの「知識及び技能」「思考力、判断力、表現力等」「学びに向かう力、人間性等」が具体的にイメージでき、文言として明示できるはずです。

横串を刺すことで言語化された「知識及び技能」「思考力、判断力、表現力等」「学びに向かう力、人間性等」を短期目標として決めていくのです。

グランド・デザイン作成の手順

▶手順 1

	教育目標		
	知	徳	体
知識及び技能			
思考力、判断力、表現力等			
学びに向かう力、人間性等			

▶手順 2

	教育目標		
	知	徳	体
知識及び技能			
思考力、判断力、表現力等			
学びに向かう力、人間性等			

▶手順 3

	教育目標		
	知	徳	体
知識及び技能			
思考力、判断力、表現力等			
学びに向かう力、人間性等			

▼

「育成を目指す子どもの姿」を「資質・能力」の三つの柱で具体的に描く

▼

「グランド・デザイン」として教育活動の関係を描く

各学校では、長期目標である学校教育目標の他に、「育成を目指す子どもの姿」といった2~3年程度で掲げる短期目標があると思います。「この3年間で」とか「この2年間で」という、目の前の子どもに相応しく、短期的に育成を期待する子ども像を各学校で描くでしょう。

この短期目標を「知識及び技能」「思考力、判断力、表現力等」「学びに向かう力、人間性等」の三本柱で明確にするのです。

こうして三つの「資質・能力」で具体的に描いた「育成を目指す子どもの姿」を短期目標として、カリキュラムに反映させていきます。

「知・徳・体を三本柱で整理し、再構成してみる。目の前の子どもに照らし合わせて短期目標として設定するならば、我々の目の前の子どもたちの直近の数年間では、やっぱりこんな『資質・能力』を育てようということが明言できる。これがはっきりすれば、一つ一つの授業にも落とし込めることになる。」

これが**カリキュラム・デザインを縦で考えることの大きな意義**です。

例えば、「誰とでも仲良くできる賢い子」という学校教育目標の場合、「子どもたちの実態は言語を使った説明の根拠が曖昧だから、もう少し論理的な説明ができるようにしたい」とか、「子どもたちは知らない人と関わる経験が少ないので、もっと多様な人と力を合わせて協働的に学習できるようにしたい」ということが明確にできれば、「根拠を明確にした論理的な説明」や「多様な人との協働的な学習」ということで、「資質・能力」の短期的な目標に落とし込むことができるのではないでしょうか。

「資質・能力」を踏まえつつ、学校教育目標を明確にし、教育課程を編成しようとすると、多くの学校で短期目標としての「育成を目指す子どもの姿」と「総合的な学習の時間」の計画が重なるはずです。学習指導要領の総則の第２の１の最後に「その際、第５章総合的な学習の時間の第２の１に基づき定められる目標との関連を図るものとする」とあるのはそのためです。

グランド・デザインの描き方については、前著「『深い学び』を実現するカリキュラム・マネジメント」Ｐ59～85で詳しく紹介しています。

カリキュラム・デザインの横
学年の学習活動を俯瞰して単元配列表を描く

カリキュラム・デザインには、「グランド・デザイン」という「全体計画」と、単元全体を俯瞰できる「単元配列表」と、具体的な「単元」を描くという三つの階層があることを紹介しました。

この三つの階層の中でも、実際に授業を行う先生方には「単元配列表」と「単元」を描く階層が特に関係が深いと考えられます。さらに、これまでの教師の取り組みから考えると、より重要なのは「単元配列表」になると思います。

カリキュラム・デザインの三階層

①教育活動全体の関係を 「**グランド・デザイン**」として描く
②学年の学習活動を俯瞰して 「**単元配列表**」を描く
③一連の学習活動のまとまりとしての 「**単元**」を描く

ここからは「単元配列表」を描くこと、すなわち**カリキュラム・デザインの横**について考えていきましょう。

カリキュラム・マネジメントという抽象度の高い言葉をカリキュラム・デザインに引き

つけて、一枚物の全ての学びを俯瞰する「単元配列表」の作成へと絞り込んでいきます。この単元配列表を学習指導要領で言われる**「学びの地図」**と捉えるとよいと思います。

各教科等の年間指導計画を一枚にまとめ、全体を描いた「単元配列表」をイメージしてもらえれば、子どもの学びの全体をマップのように俯瞰して見ることができるでしょう。そして、この**「単元配列表」**が、**「学びの地図」**の具体的な表れだと捉えると、キーワードがより理解されると思います。

小学校の教師の場合、個人で行っていたカリキュラムの作成を同学年、さらに全学年という形で広げていくことで、たくさんの気付きが生まれます。

各教科等の年間指導計画を一つにまとめると、子どもの学びの点と点が線となり、**様々に育つ「資質・能力」が互いにつながって連動していく姿が想像できる**と思います。簡単に言えば、前で学んだことがあとで使える、ということです。

例えば、国語科で学んだ表現する「資質・能力」が理科や社会科で発揮されたり、総合的な学習の時間で役立ったりする。これらの姿は、各教科等間において「資質・能力」が「活用・発揮」されている状態と考えることができます。学んだことを何度も「活用・発揮」することにより、知識はつながり構造化していきますし、学びの価値を自覚することもできるでしょう。役立ち感や有用感を感じることで、これまで以上に主体的に学習に取り組む姿が期待できます。

単元を配列する際には、短期目標を中心に据えます。短期目標に深く関係する①重点単元を見極めること、②単元間の関連を結び付けることを行う。その上で単元の順序や実施時期を見直していく。中でも、②の単元間の関連を意識することが単元配列表の一つの特徴です。

まずは短期目標としての「資質・能力」が育成できる単元を絞り込みます。その単元を重点単元とし、時間数を増やす、単元の評価を見直す、学習活動を改善するなどしていくことが考えられます。短期目標の実現に向けて重点的に取り組むわけです。加えて、「資質・能力」が関連する単元に目を向けていきます。

ここで、「資質・能力」の関連について、押さえておきましょう。

「知識及び技能」の関連については、実際に行う学習活動やそこで扱う学習対象が関係します。各教科等で行われる学習活動や学習対象には、どのような共通点があるのか、事実に関する**宣言的知識**（「AはBである」の形で表現される事実としての知識）がどうつな

がるかをイメージしながら明らかにしていきます。（p46・47「図解でわかる！　教科等横断による知識の構造化」参照）

　例えば、総合的な学習の時間で、持続可能な社会づくりの構成概念としての「連携性」を概念として獲得することを目指して学習活動を行っているとします。その単元の実施時期に、商品を売るための工夫として、生産者、販売者、管理者等、様々な人が連携し合っていることを、社会科の学習で学ぶとすると、「連携性」に関わる概念は二つの教科等の学びが相互に連動し、「活用・発揮」される中で、一層確かになっていくことが期待できるでしょう。単一の教科だけでなく、複数の教科等の間で「活用・発揮」することによって、宣言的知識が結び付いて概念化されていきます。

「思考力、判断力、表現力等」については、認識に関する**手続き的知識**（手続きや方法に関する知識）が、複数の事実に関する宣言的知識とつながり結び付くことをイメージするといいでしょう。

　例えば、国語科で、収集した情報を比較したり分類したりしながら伝えたいことを選ぶ学習を行い、その後、総合的な学習の時間で、同様の学習活動を行うとします。その場合、国語科では教科書で扱う教材に関する宣言的知識と「比較したり分類したりしながら伝えたいことを選ぶ」が結び付くし、総合的な学習の時間では、目の前の実生活の様々な事実に関する宣言的知識と結び付く。こうして「比較したり分類したりしながら伝えたいことを選ぶ」ことが、自由自在に活用できるようになっていきます。国語科で身に付けた「思考力、判断力、表現力等」が「活用・発揮」できる学習の場面を各教科等で意図的に設定することが考えられるでしょう。

また、教科等間で認識に関する手続き的知識が共有できる部分を探り出し、意図的に単元を配列し、単元計画を構想することによって、いつでもどこでも発揮できる汎用性の高い「資質・能力」が育まれることが期待できます。

「学びに向かう力、人間性等」については、短期間で育成されるものではありませんし、特定の教科等ではなく各教科等を通して長期的に育成を目指すものです。単元配列表で結び付けるのではなく、重点単元において育成を意識することを中心に据え、年間の全ての学びを通した全体的な指導によって、確実な成長を目指すことが求められると捉えるべきだと思います。

こう考えると、単元配列表において、点と点として関連付け、結び付ける「資質・能力」は、主に「知識及び技能」と「思考力、判断力、表現力等」になり、この二つで単元配列表の関連を考えることが、単元間の関連を結び付けるカリキュラムを実現することになると言えるでしょう。

学んだことを何度も「活用・発揮」することにより、知識はつながり構造化していきます。国語科で学んだ表現する「資質・能力」が理科や社会科で発揮されたり、総合的な学習の時間で役立ったりする。算数科で学んだ統計の方法が理科や社会科で実際に使えるものになる。これらの姿は、各教科等間において、「資質・能力」が「活用・発揮」されている状態と考えることができます。単元配列表を使い意図的に単元を配列することによって、育成を目指す「資質・能力」を「活用・発揮」する割合が高くなるということです。

「単元配列表」の作成によって、単元の関係性が見えてきます。

ア：単元間の「活用・発揮」（前後関係）重点単元
イ：各教科等間の「活用・発揮」（横断関係）関連単元
ウ：学年間の「活用・発揮」（上下関係）

深い学びを実現するには、知識を活用し、構造化することが重要になりますので、単元の間、つまり前に学んだことを次に使うという「ア：単元間の活用・発揮（前後関係）」を重点単元として考える。あるいは「イ：各教科等間の活用・発揮（横断関係）」つまり、国語科であったことを総合的な学習の時間で使うといった活用を関連単元として考える。もっと言えば、「ウ：学年間の活用・発揮（上下関係）」で、このシートが重なれば1年生でやったことが2年生で使われるといったことが見えてくる。こういう視点が重要になってくるのではないか。

その際、国語科の「資質・能力」として、こういう表現の仕方について学んでいるから、それを総合的な学習の時間で活用し発揮する、といった発想でつなぎたいということです。

学習指導要領には全ての教科等の内容が「育成を目指す資質・能力」で示されていますから、関係付けも「資質・能力」の育成で考えるのが

単元配列表によって見える「活用・発揮」

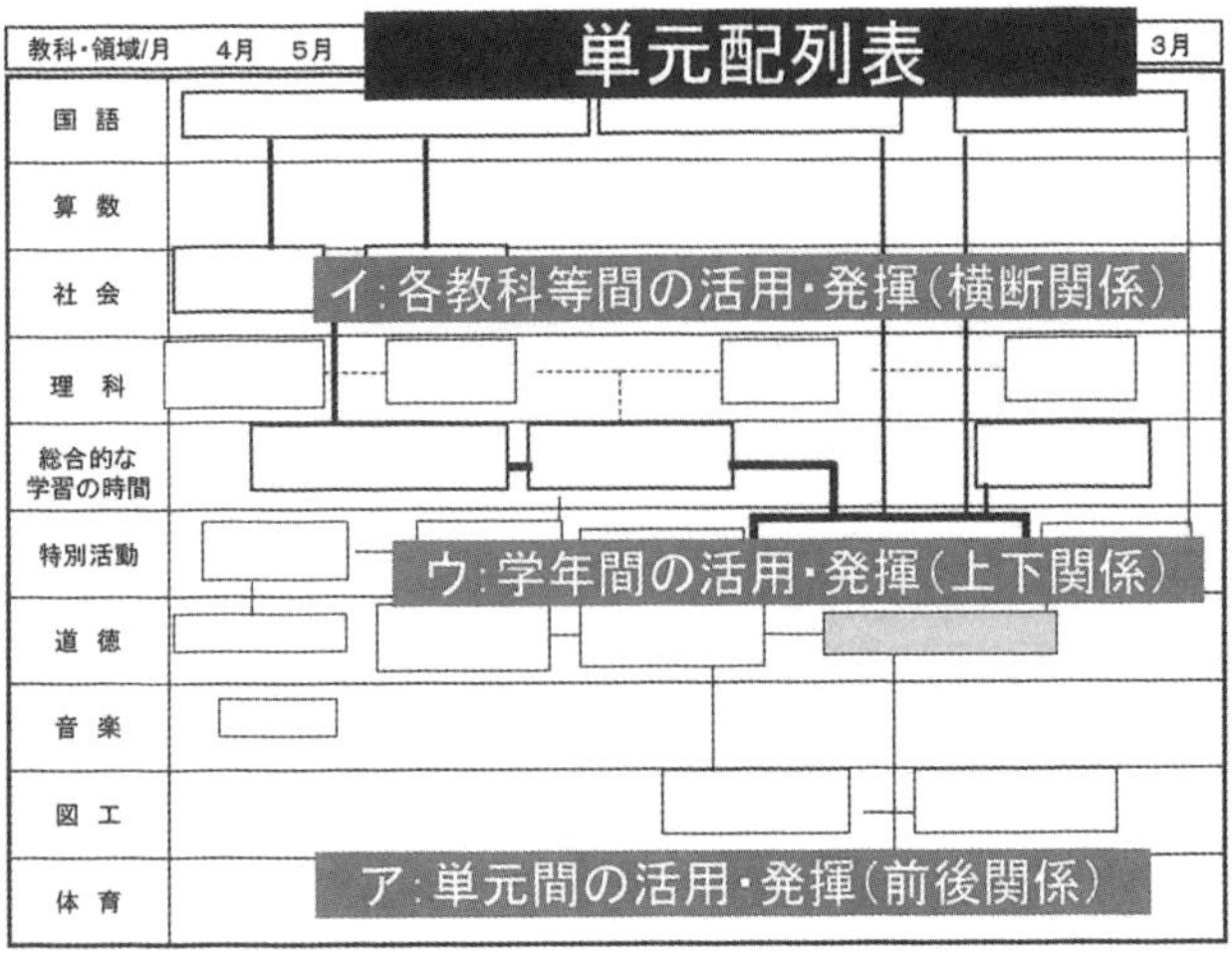

基本です。「単元配列表」を関係付けるには、**三つの柱の主に「知識及び技能」「思考力、判断力、表現力等」で結ぶ**ということです。

ただし、関係のある「資質・能力」を線で結び始めると、「単元配列表」に線がいっぱい引かれることになりかねません。線が増えると複雑になります。複雑になると実現の可能性が低くなります。

ここで大切なのは「シンプルにする」ということです。「シンプルにする」とは、感覚的に減らせばいいということではありません。校内で統一された考えの下でシンプルにしていくことが大切になります（下図）。

単元配列表のつなぎ方のポイント

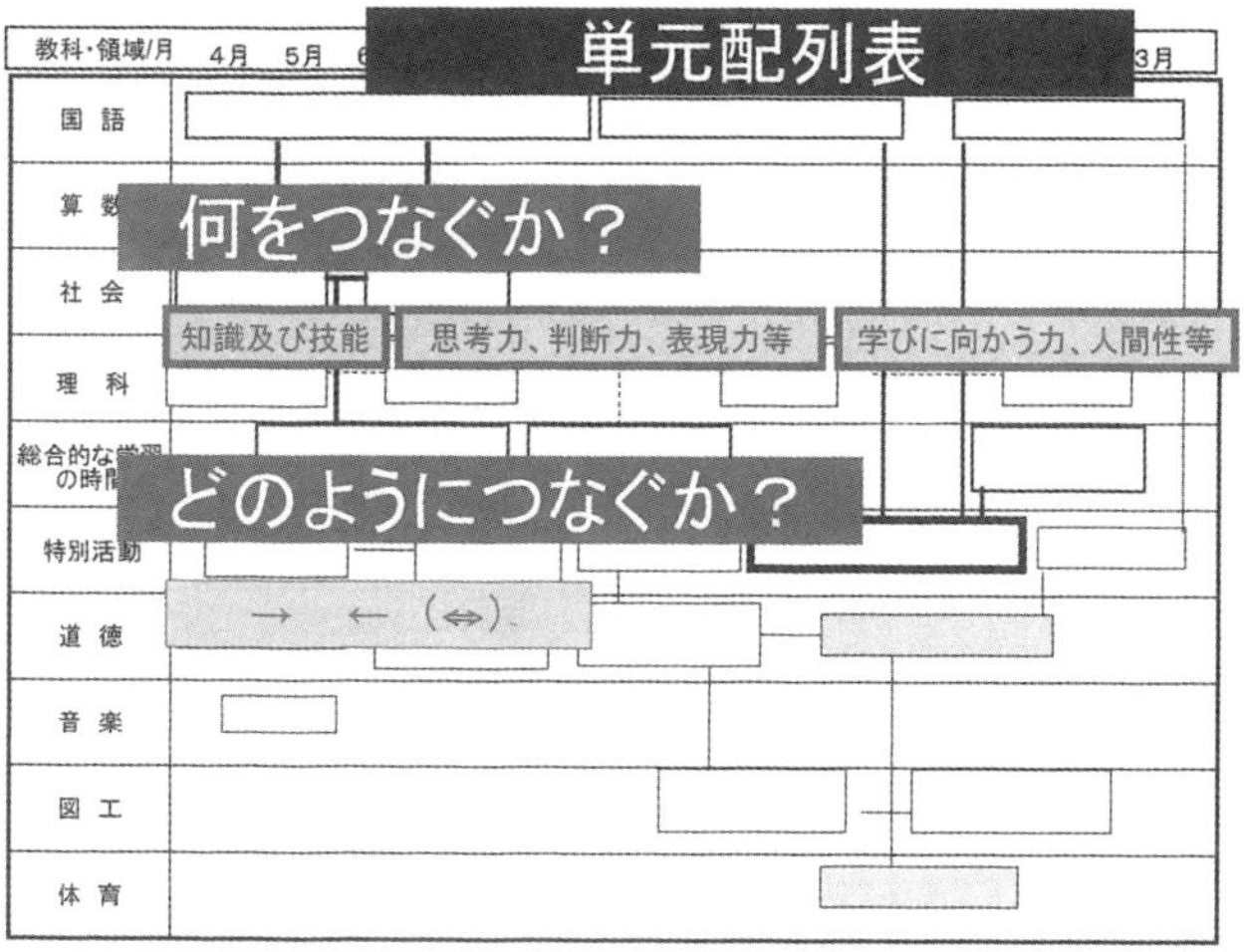

学校としての中核となる「資質・能力」、短期目標としての「育成を目指す子どもの姿」が明確にあるはずですので、その「資質・能力」に関する線は残そうということです。短期目標としての「育成を目指す子どもの姿」は、例えば「この3年間で○○を伸ばそう」というものです。そこは大切にして線を引き、それ以外は無理に関連付けを図らない。こうして取捨選択していけばクリアに見えてくるのではないかという考えです。「グランド・デザイン」で明確にしてきたことが、「単元配列表」に生きてくるということです。

例えば、総合的な学習の時間を中心に考えたい学校ならば、総合的な学習の時間と各教科を、「育成を目指す子どもの姿」で結ぶわけです。「国語科の単元とつながるな」とか、「社会科のあそこともつながる」とか、「算数科のこともつながるぞ」となってきます。

すると、1年間の学習指導計画の中で、「国語科のこの単元で『根拠を明確にした論理的な説明』の力を育めそうだね」と**重点単元**が明確になったり、「それについては国語科のこの単元と算数科のこの単元や社会科のこの単元を関連付けられるといいよね」というように、重点単元と**関連単元**の関係が明確になったりするだろうと思います。

それくらいのことが考えられれば、十分にオリジナリティのある独自性あふれたカリキュラムになるのではないかと思います。

学校教育目標を「資質・能力」にブレイクダウンしたものをもとにして、年間指導計画の中で、重点単元や関連単元が明確になったならば、そこに軽重を付けていくことが大切です。学校の授業時数等は学習指導要領上、35週で１０００時間程度の授業時数となっているわけですが、現実には40週程度で１１００時間程度の時数があるだろうと思います。先に示したように重点単元には時数を増やし、単元計画や学習の過程を工夫してみるなど、目指す目標を考えた上で軽重を考えていくとよいでしょう。

単元配列表（教科等横断的な教育課程）を作成する際に大切なことは、短期目標を中心に据えること。短期目標に即して、「活用・発揮」を期待する「資質・能力」を焦点化することです。重点単元、関連単元といった強い関係に限定することで、シンプルにつなぐこと。シンプルにつなぐことによって、「活用・発揮」の実現可能性が高まることを心得ましょう。

単元配列表のつくり方については、前著『深い学び』を実現するカリキュラム・マネジメント」P87～117で詳しく紹介しています。

カリキュラム・デザインの縦と横
プロセスを意識した単元計画を作成し、短期目標を実現する

次に、一連の問題解決のまとまりを意識して単元計画を作成していきます。単元計画は、「**発想**」「**構想**」「**計画**」の三つの段階で考えることができます。

「**発想**」の段階では、まず、およその単元の概要を思い描きます。目の前の「子どもの興味・関心」の中心は何か、既有の知識や経験は何か等、子どもの実態をつかんだ上で、子どもたちに「身に付けてほしい資質・能力」は何かを明らかにします。最後に、この二つの重なりを実現する「学習活動や学習材（教材）」を決定していくことになります。

「**構想**」の段階では、子どもの興味・関心を優先して「経験にもとづく単元」を構想するのか、教師の願いを優先して「教材にもとづく単元」を構想するのか、この二つのタイプが考えられます。二者択一というわけではなく、両者のバランスをどう図るかがポイント

カリキュラム・デザインの三階層

①教育活動全体の関係を
「**グランド・デザイン**」として描く

②学年の学習活動を俯瞰して
「**単元配列表**」を描く

③一連の学習活動のまとまりとしての
「**単元**」を描く

です。両者のバランスは、子どもの発達の段階や各教科等の特性によって比重や割合が変わってきますので、どちらの場合でも、子どもの興味・関心と教師の願いを視野に入れ、身に付けてほしい「資質・能力」が確かに育成される単元計画を構想することが大切です。

「**計画**」の段階では、「構想」で生まれてきた多くの学習活動を、各教科等固有のプロセスに位置付け整えていきます。その際、子どもの意識の流れに沿った展開を考えることが重要です。また、身に付けた「資質・能力」が「活用・発揮」されることを意識することも欠かせません。「知識の構造化」をイメージし、単元の前半で獲得した知識が、それ以降の場面でどのように「活用・発揮」されるかを大切にするということです。具体的な単元計画とするために、授業時数、学習環境、指導体制等を実現可能なものとして位置付けていきます。

このような単元計画の手順を踏むことで、一つ一つの単元計画は、「資質・能力」の育成を確かに実現する単元として生成することが期待できます。

単元の構成と単元計画の作成については、前著「『深い学び』を実現するカリキュラム・マネジメント」P119～131で詳しく紹介しています。

カリキュラム・デザインについては、「グランド・デザイン」「単元配列表」「単元」の三つの階層があることをお話ししてきました。

①教育目標を見つめ直し、長期目標から短期目標を明らかにする
②三つの視点で単元配列表を作成し、短期目標を実現する
③プロセスを意識した単元計画を作成し、短期目標を実現する

①②③のステップで、学校教育目標を、短期目標としての育成を目指す具体的な子どもの姿（資質・能力）に変換し、単位時間にまで落とし込むことが可能になります。

そこでは、「知識の構造化」を基盤とした評価規準のレベルで子どもの姿をイメージするとともに、「教科等間の活用・発揮」が具体的なものとなってきます。こうすることで、学校教育目標が一時間一時間の授業に位置付けられ、実現可能性を高めていくことになります。

結果的には、短期目標に関わる具体的な子どもの姿（評価規準）を評価するわけですから、その集積を行うことで、教育目標の実現状況を測定することも可能になることは、第2章の実践例で紹介していきましょう。

カリキュラム・デザインを横で考える
～教育の内容を組織的に配列する際の考え方～

これまで、単元配列表において、単元間の「活用・発揮」、教科等間の「活用・発揮」、学年間の「活用・発揮」について考えてきました。その際、三つの柱「知識及び技能」「思考力、判断力、表現力等」「学びに向かう力、人間性等」で考えることが大事だと話してきました。

各教科等から総合的な学習の時間に関連の線を引くとき、例えば下のように、「知識及び技能」から「知識及び技能」、「思考力、判断力、表現力等」、「学びに向かう力、人間性等」へ3本の矢印が引けますし、「思考力、判断力、表現力等」からも3本、「学びに向かう力、人間性等」からも3本の矢印が引けることになり、また左右逆に総合的な学習の時間からも3×3本の矢印が引けることになるわけです（下図）。

各教科等と総合的な学習の時間の関連

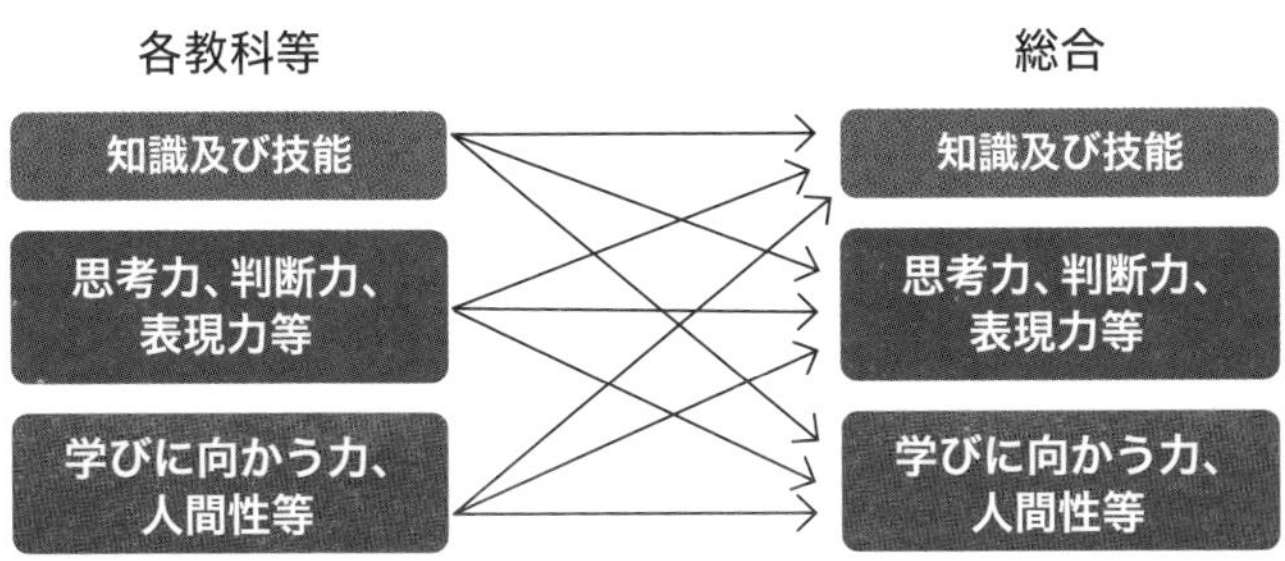

このつなげ方については、第2章でさらに考えていきたいと思いますが、まずは「知識及び技能」と「知識及び技能」、「思考力、判断力、表現力等」と「思考力、判断力、表現力等」で結び付けてはどうでしょう。例えば社会科で学んだ自助・公助・共助の知識が理科や社会科だけではなく、総合的な学習の時間でも発揮されるといった事例が考えられます（左図）。

教科等横断の例（1）

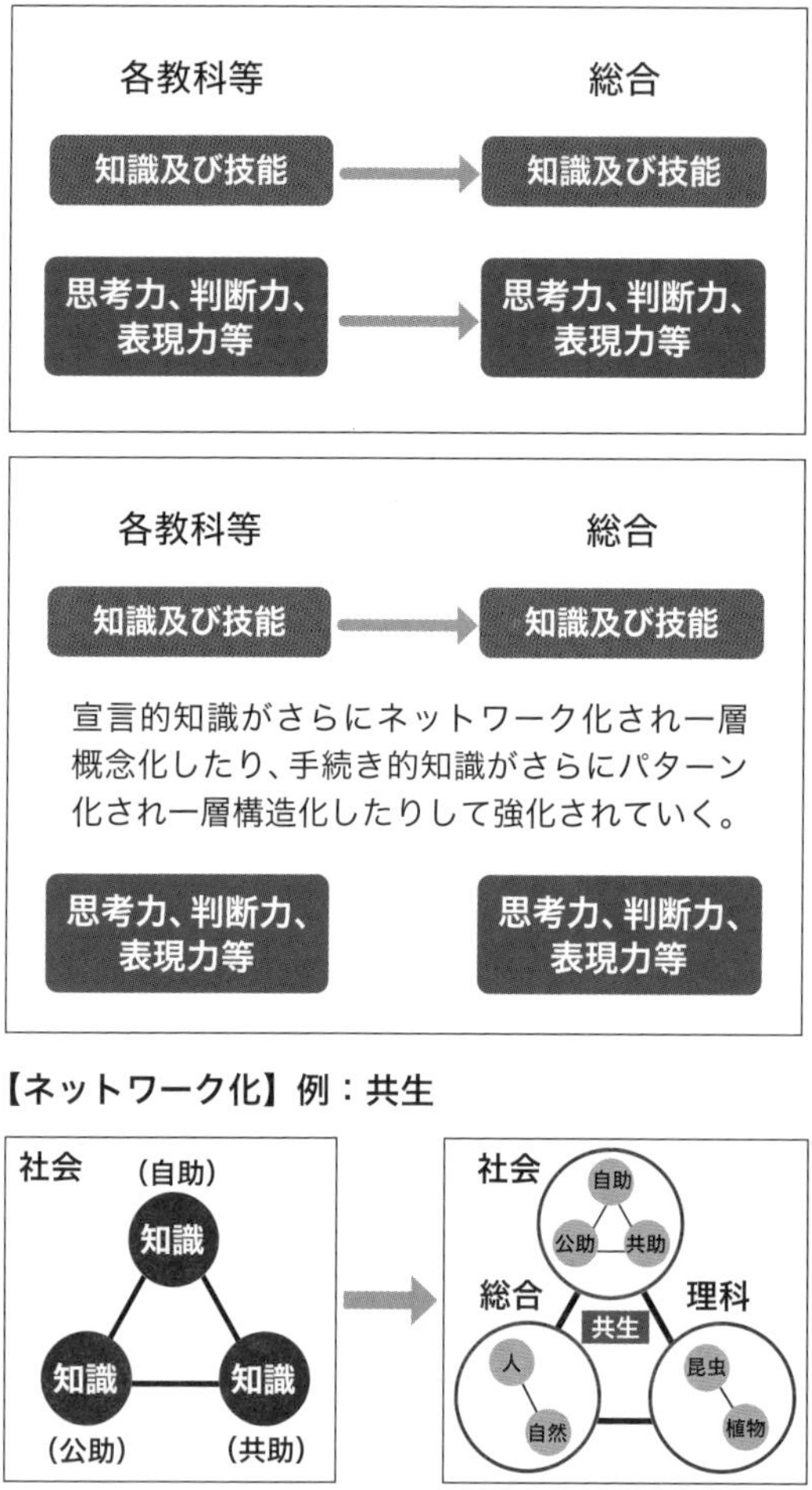

同じように、理科で学んだ思考力が総合的な学習の時間や他の教科でも発揮されるといったイメージをもつことができます。

本書においては、学校教育目標を縦から落としてきて思考のところにフォーカスし、それを国語科と社会科双方で考える事例、知識の概念化の事例、学びに向かう力・人間性、いわゆる非認知と言われるところに、学校教育目標からフォーカスして落とし込んでいく事例なども紹介していきます。

教科等横断の例（2）

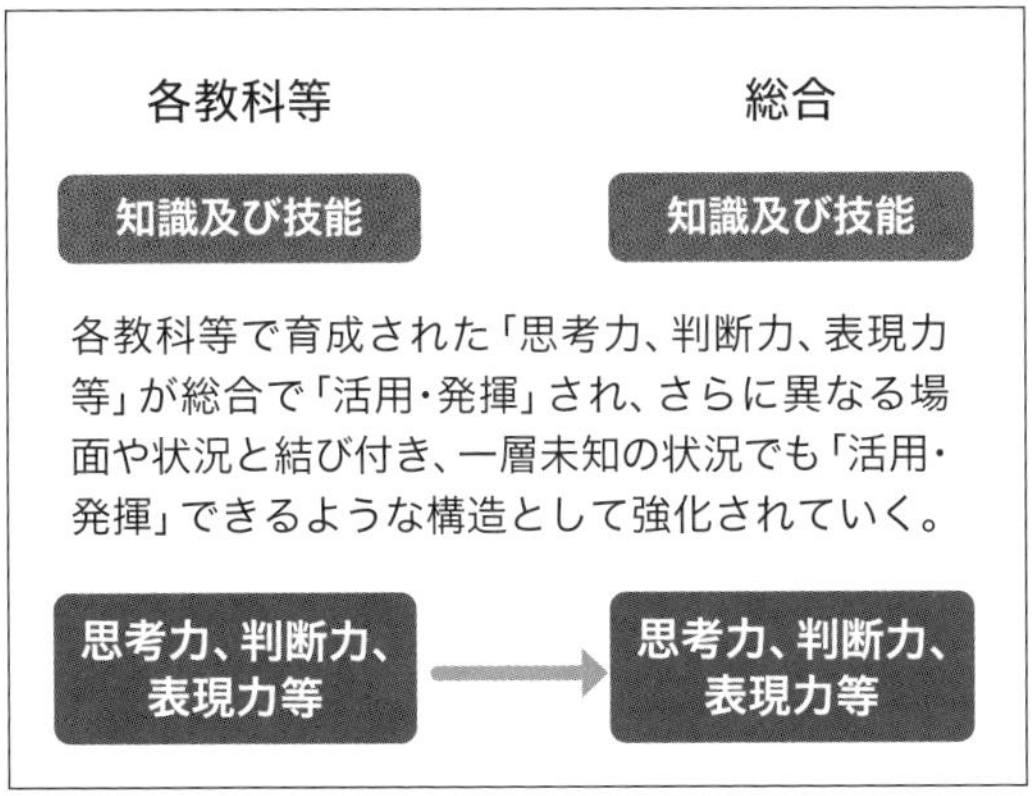

【ハイブリッド化】例：関係付けて考える

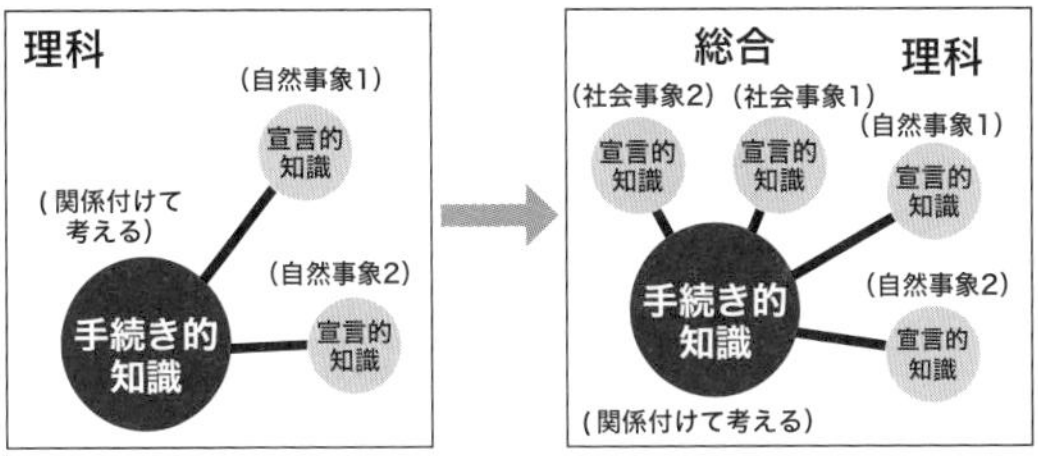

カリキュラム・デザインを考える中で、この教科等横断については、「資質・能力」を「活用・発揮」することとして紹介してきました。簡単に言うと、国語科で学んだ「資質・能力」が

総合的な学習の時間でも「活用・発揮」されるから、この「資質・能力」は確かなものになるという考え方です。

もう一つ考えなければならないのが、下図の右側、学習対象の関連を整理する必要があるのではないか、ということです。

例えば、小学1年生が生活科で朝顔の栽培をします。一方、国語科では観察日記の学習があります。その際、観察日記の対象は朝顔を使うことが多い。なぜなら、生活科で朝顔を育てているので、朝顔にとても興味・関心が高いからということになります。結果的に国語科の学びが充実して「資質・能力」が育つだろうという話になるのですが、関連のある「資質・能力」を使っているか、と言われるとそうではなく、学習対象となるものが関連しているという関係になるかと思います。

これは、総合的な学習の時間や生活科で学んだ学習対象を、他教科の学習のときに「利用」することで、「資質・能力」の育成が「促進」される関係になるのではないか、という整理を

教科等横断（総合的な学習の時間と教科の関連）

	資質・能力関連	学習対象関連
教科 → 総合	活用・発揮	
総合 → 教科		利用・促進

付け加えるべきではないかと考えています。

「活用・発揮」は、学習指導要領の総則の第3の1に書いてあるので、意図的に使ってきました。「利用・促進」という言葉は学習指導要領上、見当たりません。しかし、学校現場で行われている関連単元づくりには、対象を利活用する「利用・促進」があるのではないかと再整理しているところです。

例えば、「ひまわりの観察日記を書きましょう」と言われたとき、ひまわりには関心がないけど、先ほどお話ししたように、朝顔には関心があるわけです。栽培の経験も豊かです。国語科の観察日記に意欲的に取り組むことができる、といったことはあり得るのではないでしょうか。

おそらく、自分から興味をもって取り組むとか、諦めずにやり続けるとか、あるいは自分から主体的に挑戦するというようなところに影響が出る可能性は大いにあるのではないか、と考えています。

そのためにも、国語科の単元をどのように構成するかも重要です。このことも実践事例で考えていきたいと思います。

「図解でわかる！ 教科等横断による知識の構造化」

図解①「知識及び技能」における教科等横断（知識）

例えば、教科で学んだ宣言的知識が、総合的な学習の時間で学んだ宣言的知識とつながり構造化されて、ネットワーク化された概念的知識として獲得されていくタイプ。

社会科で「自助・公助・共助」について知識を学び獲得する。理科の授業では、様々な生き物が関わり合って生きていることを知る。そうした知識をもっている子どもが、総合的な学習の時間で共に生きる共生社会について学んでいく。こうして子どもは「共生」という概念的知識を確かなものにしていく。

【ネットワーク化】（例）共生

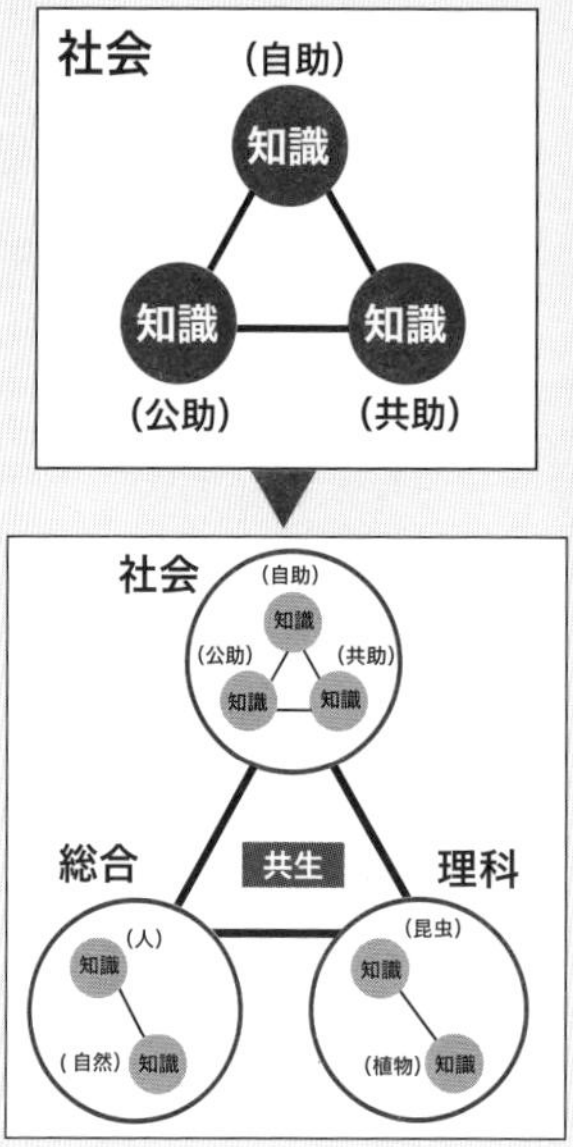

図解②「知識及び技能」における教科等横断（技能）

例えば、教科で学んだ手続き的知識が、総合的な学習の時間で繰り返し活用されることでつながりが確かになり、滑らかで安定的な技能として身に付いていくタイプ。

国語科でインタビューの方法として、身体を正対して、相手の顔を見て、聞き取りやすい声の大きさでなどの方法に関する手続き的知識を獲得し、それらが技能として身に付くようにする。その技能は、総合的な学習の時間において、様々な場面で繰り返し活用されることで結び付きが確かになり、いつでも、どこでも、誰に対してもインタビューがスムーズにできるようになっていく。

【パターン化】（例）スムーズなインタビュー

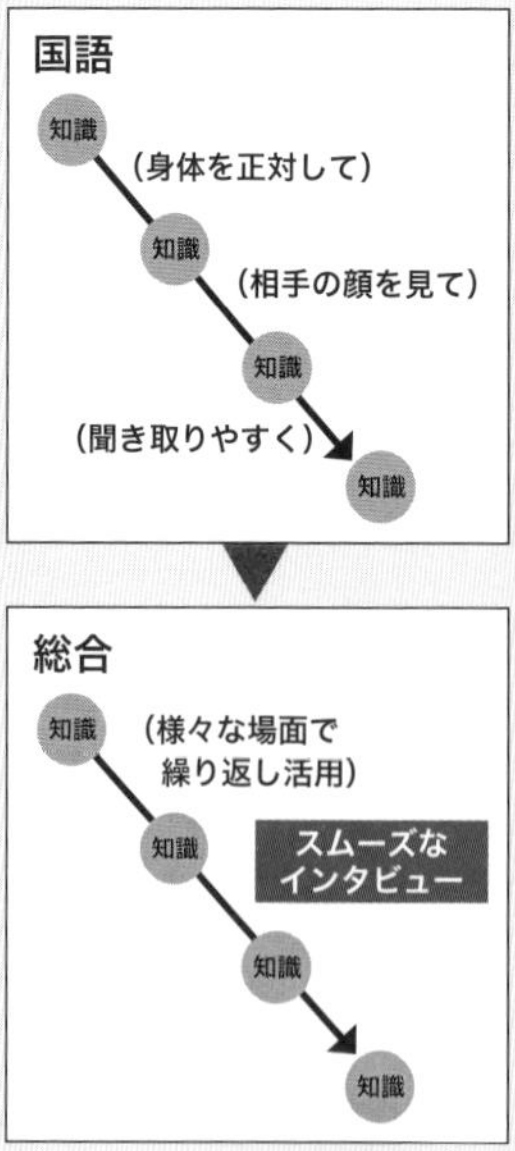

図解③「思考力、判断力、表現力等」における教科等横断

例えば、教科で、認識に関する手続き的知識と宣言的知識が構造化された思考力が、総合的な学習の時間でも活用されることで、異なる事実に関する宣言的知識と結び付き、さらに汎用的な思考力として身に付いていくタイプ。

理科で「関係付けて考える」手続き的知識を獲得する。そこでは、自然事象に関する宣言的知識と結び付き構造化している。総合的な学習の時間では、その「関係付けて考える」ことを様々な社会事象との間で活用することで、「関係付けて考える」思考力が多くの宣言的知識と結び付き、自由自在に使うことのできるものとなって身に付いていく。

【ハイブリッド化】（例）関係付けて考える

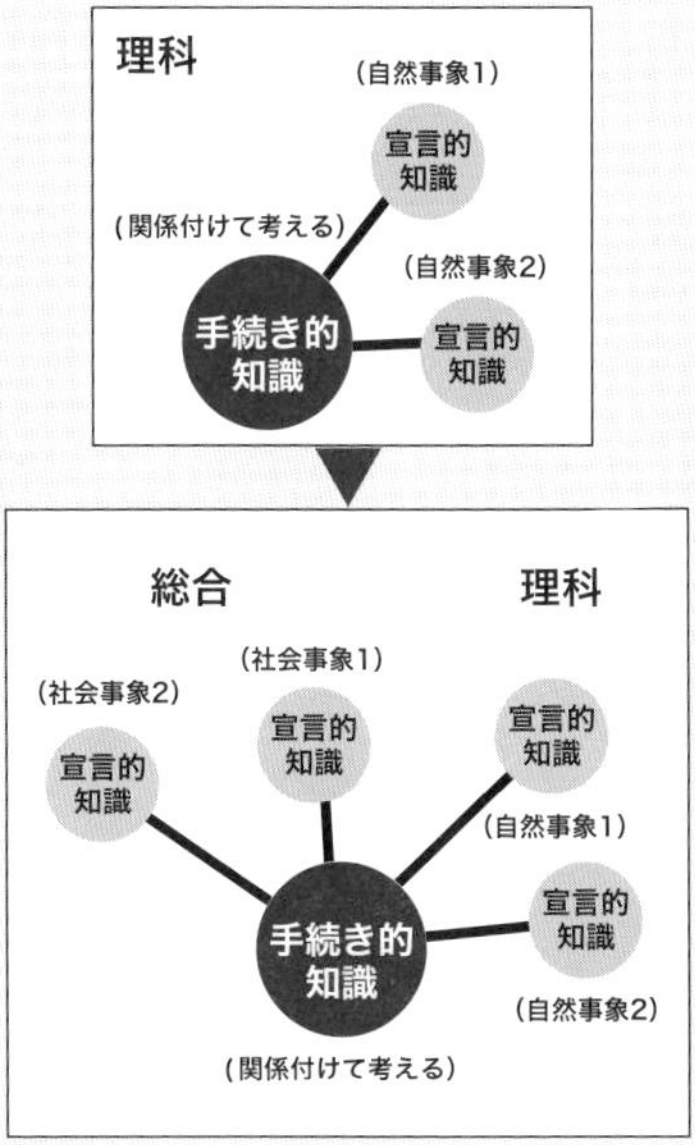

図解④「学びに向かう力、人間性等」における教科等横断

例えば、教科で態度に関する非認知系の知識がつながり構造化される。総合的な学習の時間でも同様に構造化される。複数の教科や総合的な学習の時間において非認知系の知識がつながり構造化されることで、一人ひとりの態度が確かで持続的なものとして身に付いていく。

図画工作科で「互いのよさや違いを受け入れる」という態度に関する非認知系の知識を獲得する。同じように総合的な学習の時間でも獲得する。1年間を通して、複数の教科等において「互いのよさや違いを受け入れる」とする非認知系の知識が構造化された知識として結び付き、確かな態度として身に付いていく。

【ニューラル化】（例）互いのよさや違いを受け入れる

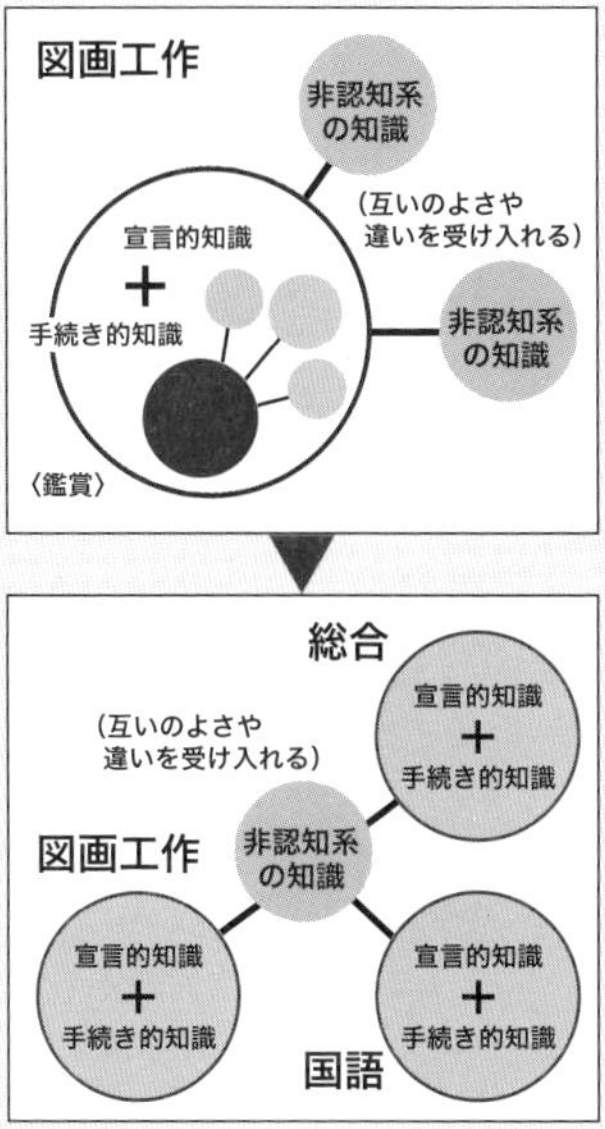

引用参考文献：田村学（2021）『学習評価』東洋館出版社　p24〜43

★田村はこうみる

★「主体的・対話的で深い学び」を実現するためには

カリキュラム・マネジメントの充実が重要。

★カリキュラム・マネジメントの三つの側面

「カリキュラム・デザイン」

「PDCAサイクル」

「内外の資源の活用」

とりわけ、教育内容の組織的配列である「カリキュラム・デザイン」が中核。

★カリキュラム・デザインの三階層

一つ目は「グランド・デザイン」を描く階層。

二つ目は「単元配列表」を描く階層。

三つ目は「単元」を描く階層。

その次に、具体的な授業のデザインが存在する。

★「グランド・デザイン」を描くには…

学校教育目標を見つめ直し、長期目標から短期目標を明らかにする。

★「単元配列表」に重点単元と関連単元を関係付ける。

その上で、関係付けるには、
三つの柱「知識及び技能」
「思考力、判断力、表現力等」
「学びに向かう力、人間性等」で結ぶ。

★プロセスを意識した単元計画を作成し、
短期目標を実現する。

★カリキュラム・デザインを縦・横で見ることで、
長期目標としての学校教育目標を短期目標として具体化する。

単元配列表に重点単元や関連単元を位置付け、
学校教育目標を実現する教育課程を
編成していくことができる。

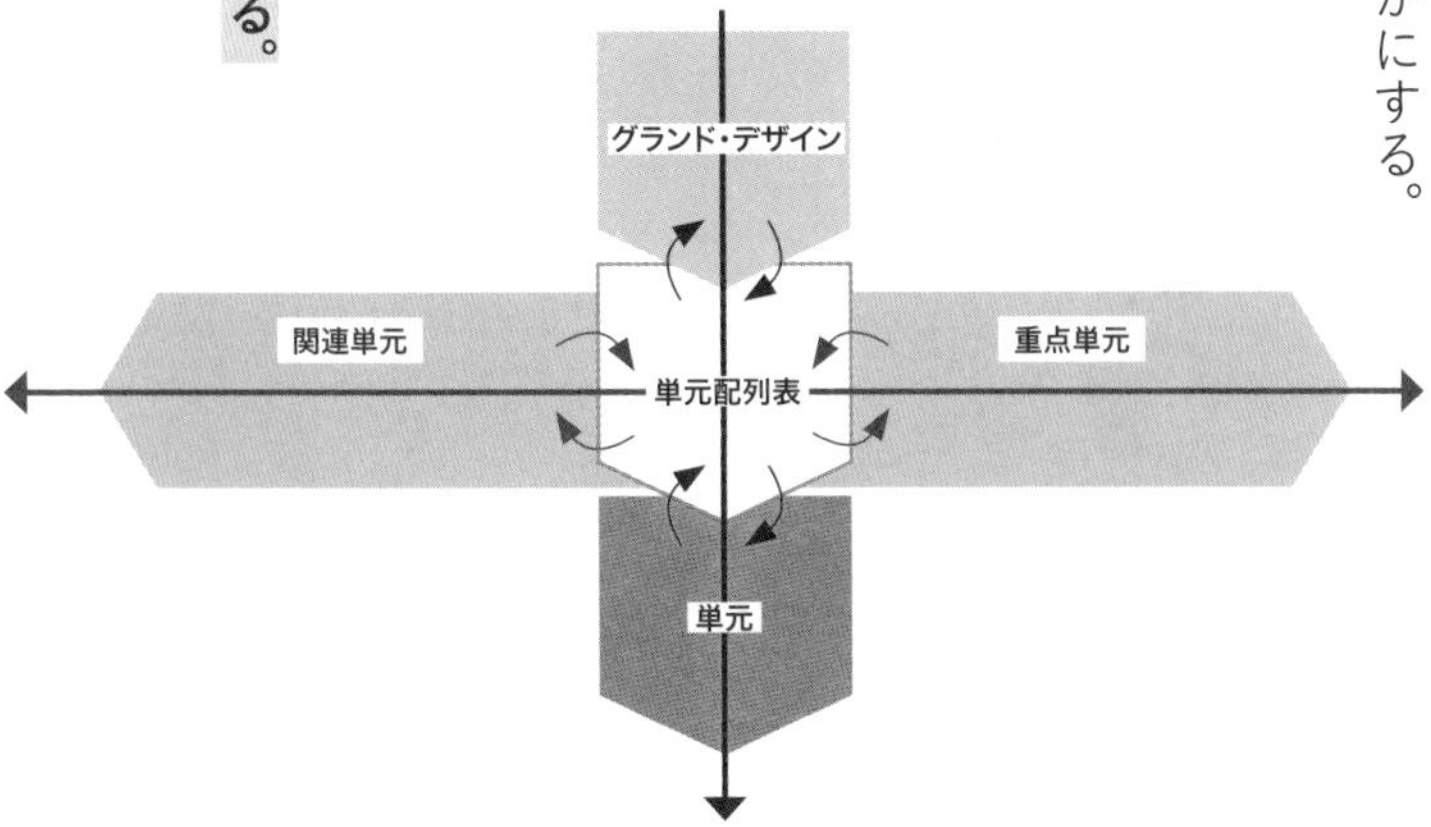

第2章では、
カリキュラム・デザインを
縦と横で実践した
具体例を紹介します。
これなら私の学校でも実践できそう!
という取り組みを
お伝えします。

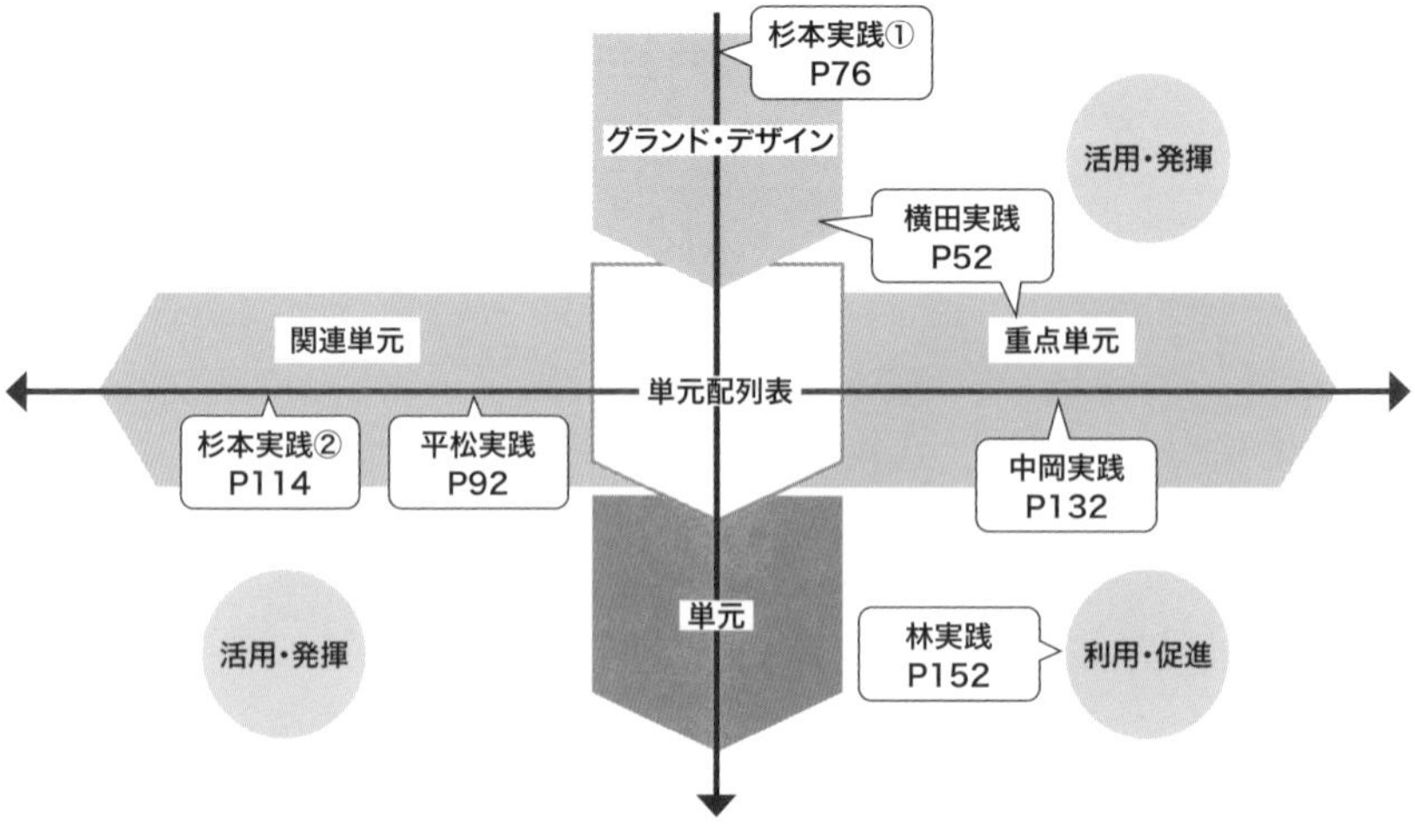

第2章

カリキュラム・マネジメント実践編

1 カリキュラム・デザインの縦と横

野田市立柳沢小学校の実践から考える

キーワード

重点単元・関連単元

カリキュラム・デザインの縦と横について、野田市立柳沢小学校の実践から具体的に考えていきましょう。

カリキュラム・デザインの縦を「学校教育目標を、短期目標としての具体的な子どもの姿（資質・能力）に変換し、単位時間にまで落とし込んでいくこと」、カリキュラム・デザインの横を「学校教育目標から落とし込んできたものを、**重点単元**と**関連単元**で横展開していくこと」と話してきましたが、柳沢小学校の実践はカリキュラム・デザインの縦横で取り組むことが揃っていて、カリキュラムをいかにデザインするかを考える上でわかりやすいモ

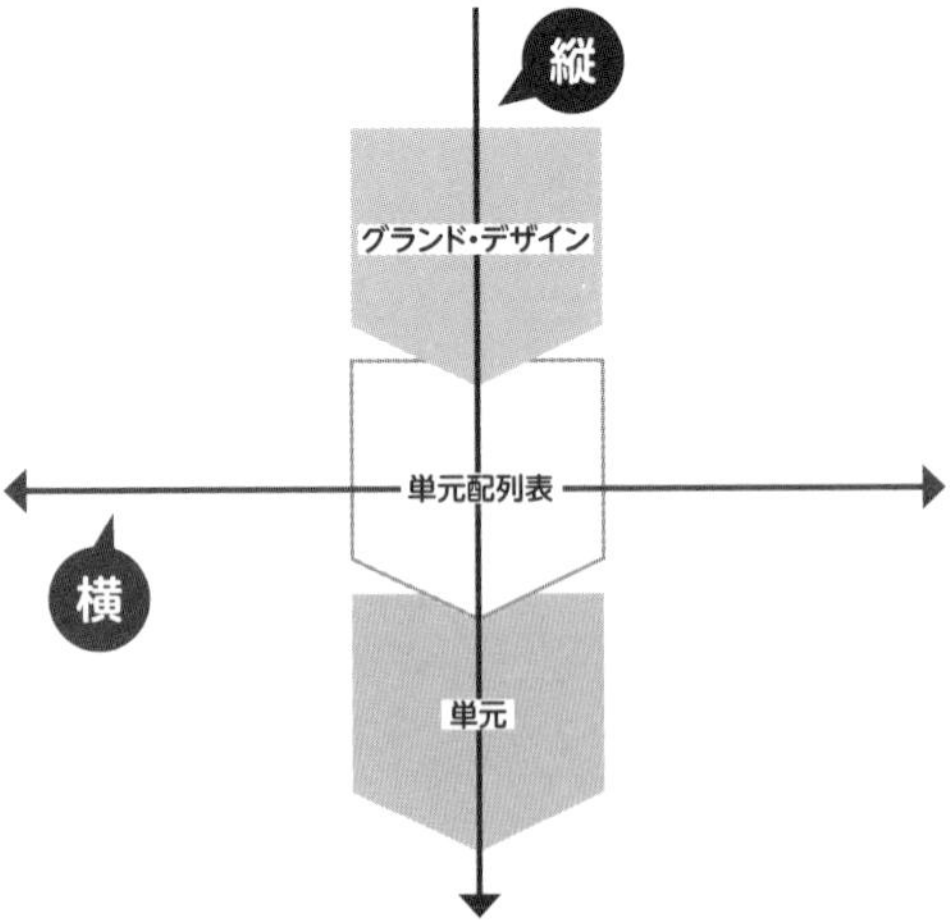

デルケースと言えます。

縦横に具体的に展開する中で、実際の授業実践の手立てが明らかになり、子どもたちの変容も見えてきます。カリキュラム・デザインの取り組みが子どもの姿に具現されるという意味でもとても参考になるのではないかと思います。

この事例から、学校教育目標から「育成を目指す子どもの姿」を三つの「資質・能力」で示す方法、単元配列や単元計画をどのように立てていったのか、1単位時間にまで落とし込む手順を押さえていきましょう。その際、いわゆる「○○力」をどうやって三つの「資質・能力」に整理していったのか、そのプロセスにも注目しましょう。

総合的な学習の時間を中核に教育課程全体で教育目標を実現していくには、全ての教科・単元で育成を図るというよりも、その育成の実現性と効果をあげるために、重点化・関連化が必要です。重点単元と関連単元がポイントになりますが、柳沢小学校の実践では、主に重点単元に焦点を当てます。その上で、重点単元の評価結果が単元配列や育成を目指す子どもの姿の見直し、改善に結び付くカリキュラム評価が可能になったことを紹介します。単元における観点別学習状況評価の結果を活用することで、短期目標としての「資質・能力」の育成状況を把握しているところにも注目してほしいと思います。

総合的な学習の時間を中核としたカリキュラム・デザインとカリキュラムの評価

野田市立柳沢小学校　横田美紗子

カリキュラム・デザインの縦
学校教育目標を見つめ直し、「育成を目指す子どもの姿」を描く

縦1　子どもの実態把握や育成したい「〇〇力」の具体

本校の学校教育目標は「主体的に活動し仲間と協働できる児童の育成」であり、知・徳・体の三つの目指す子ども像から構成されています（下図）。

さらに、令和3年度全国学力・学習状況調査では、地域・社会貢献に対する意識や課題解決に向けた取り組み、学習したことの日常生活での活用に対する項目が、千葉県や全国の値を下回っており、令和4年度の調査でも同様

学校教育目標と目指す子ども像

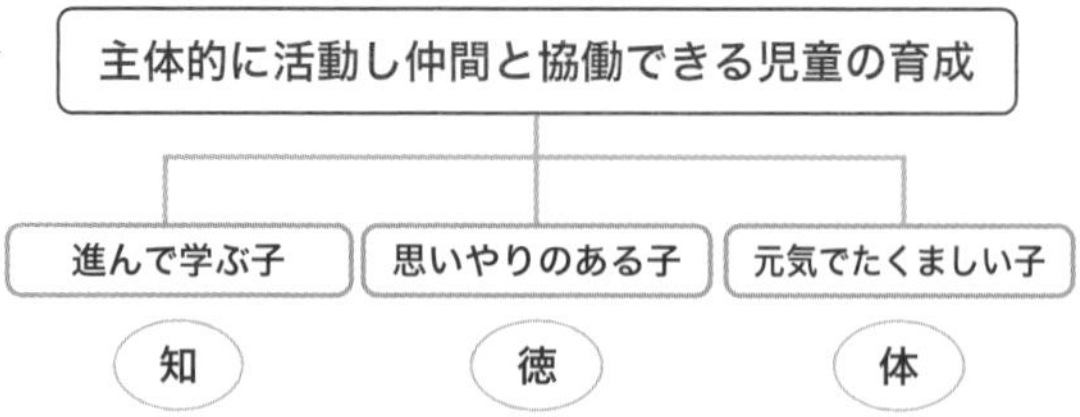

**令和4年度
全国学力・学習状況調査
（肯定的な回答割合）**

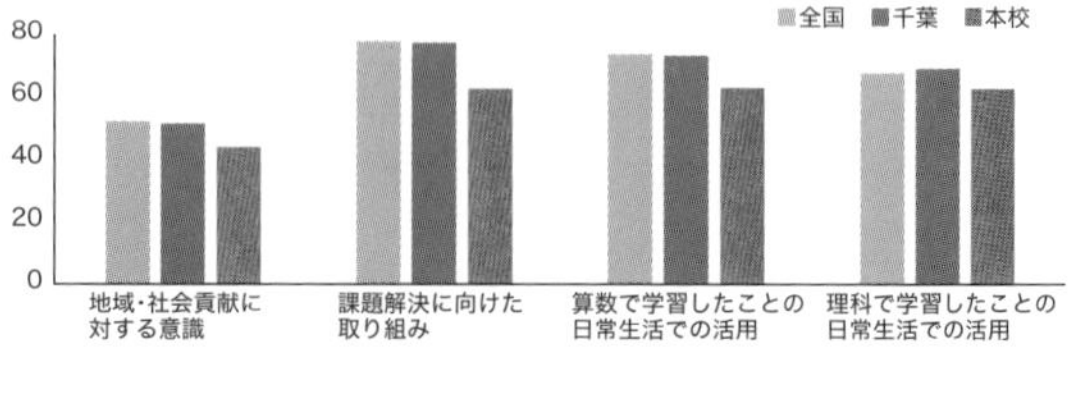

の結果が見られました（p54下図）。

子どもたちには、学習の基盤となる能力とされている「問題発見・解決能力」や、知識・技能等を実生活の様々な場面に活用する力において課題があることが明らかとなったため、これらの課題を踏まえた上で、学校教育目標を見つめ直しました。

学習の基盤となる「資質・能力」である「言語能力」や「情報活用能力」「問題発見・解決能力」のうち、前者の二つについては、学習指導要領解説において、「資質・能力」の三つの柱に分けて解説がなされています。

しかし、「問題発見・解決能力」については明確には示されていないのが現状です。そこで、本校の課題として挙げられた「問題発見・解決能力」についても、学習指導要領などをもとに「資質・能力」の三つの柱で整理してみました。そのことで、教育活動との関係性も明確にすることができると考えました。
（下図・p58参照）

「問題発見・解決能力」を「資質・能力」の3つの柱で整理

知識及び技能	問題の発見・解決等に役立つ方法や主要な概念を理解し、問題の発見・解決等に向けた情報の獲得や整理・分析のために必要な技能を身に付けていること。
思考力、判断力、表現力等	問題の発見・解決等に向けて習得した知識・技能を適切かつ効果的に活用し、結論を決定していくために必要な力を身に付け、伝える相手や状況に応じて表現する力を身に付けていること。
学びに向かう力、人間性等	粘り強く、他者と関わりながら問題解決しようとする態度、自らの学習活動を振り返り、課題を修正したり、新たに設定したりして、よりよく課題を解決しようとする態度等を身に付けていること。

縦2

2~3年で育成を目指す短期目標の設定

子どもの実態や「問題発見・解決能力」を三つの柱に整理したものを踏まえ、学校教育目標を三つの「資質・能力」によって具体的な子どもの姿として描いていくことを試みました。その際、目の前の子どもの姿を思い浮かべながら、どのような姿を期待しているのか、実態に即して描くようにしました。

「資質・能力」別に子どもの姿を整理・分類

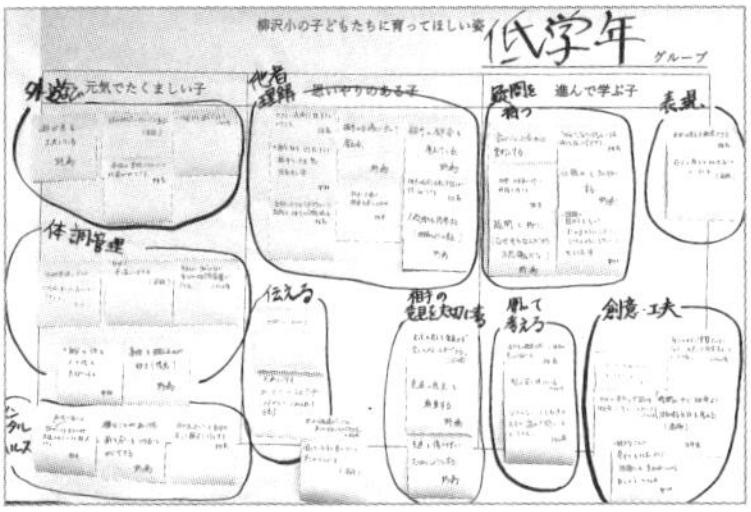

(低学年)

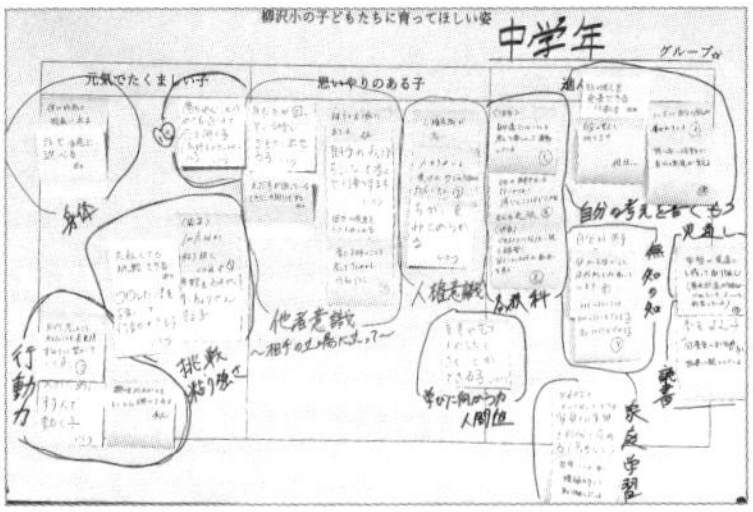

(中学年)

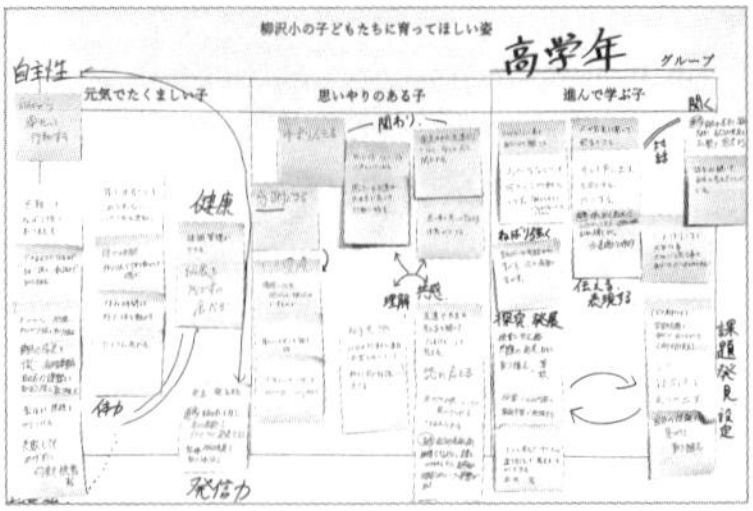

(高学年)

「資質・能力」の分類

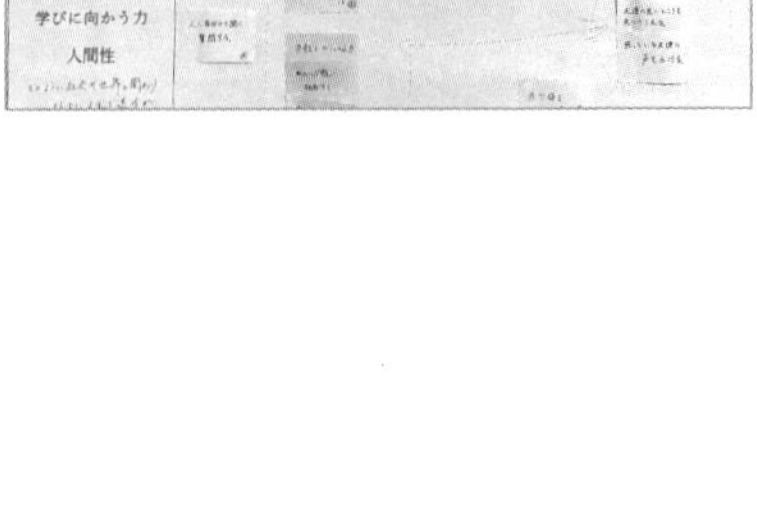

学校教育目標を踏まえて描いた子どもの姿については、共通するものや似ている姿をグループ分けし、それぞれを類型化しました（前ページ）。さらに、多くの人が大切だと考えていたり、重要だと指摘したりする子どもの姿を取り出し言語化することで、直近の数年間で育成を目指す子どもの姿を短期目標として設定しました（下図）。

三つの「資質・能力」に整理した表を見ると、三つのセルに均等に散らばっているのではなく、偏りが見られることに気付きます（前ページ）。

本校では、「思考力、判断力、表現力等」に関連する具体的な子どもの姿が多く描かれていました。このことも踏まえて、「資質・能力」の三つの柱のうち「思考力、判断力、表現力等」を重点的に育成することにしました。

整理された短期目標

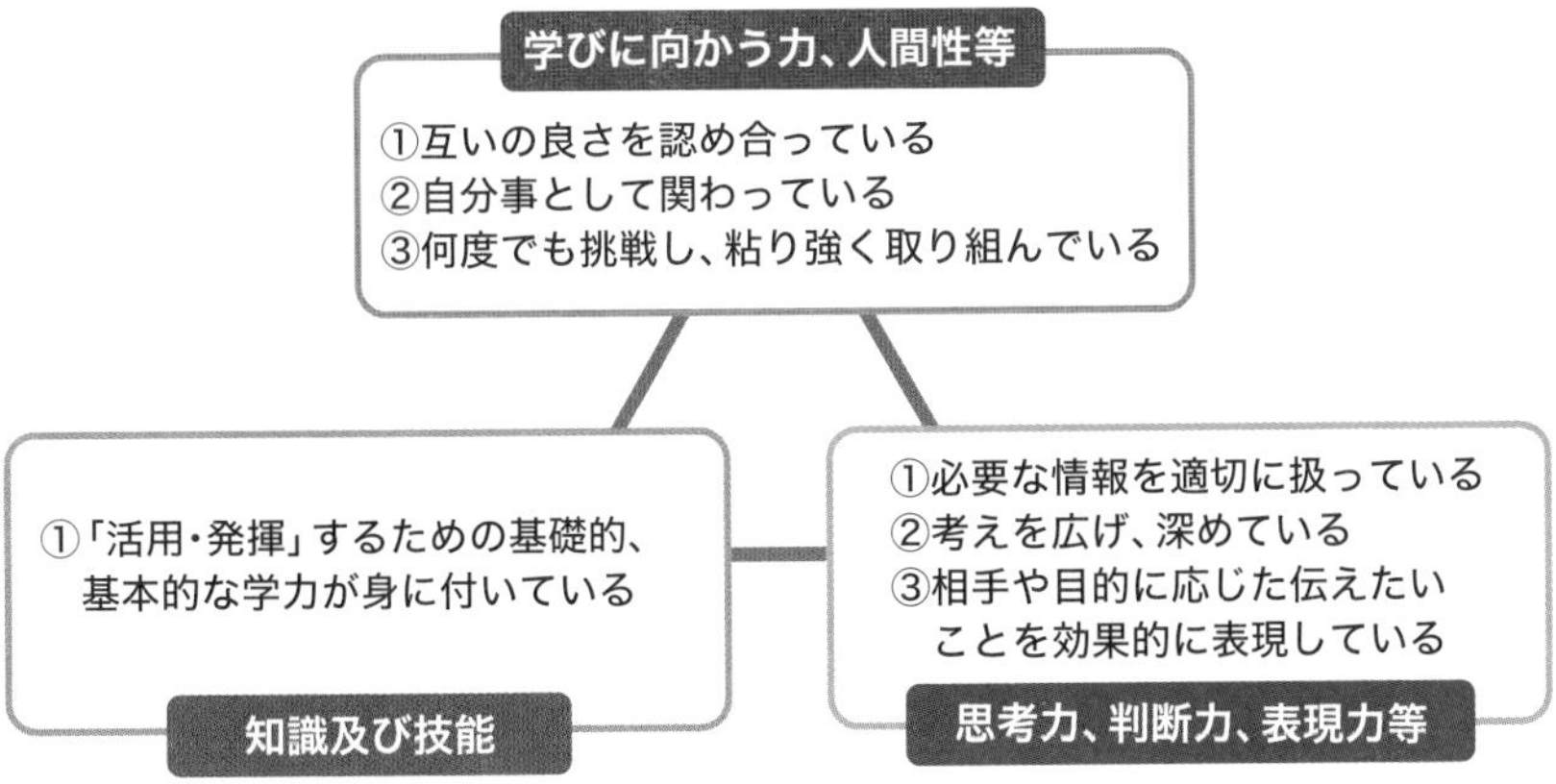

カリキュラム・デザインの
縦

育成を目指す子どもの姿の設定例と設定手順の例

1. 学校教育目標を「資質・能力」の三つの柱で具体的な子どもの姿として描く。

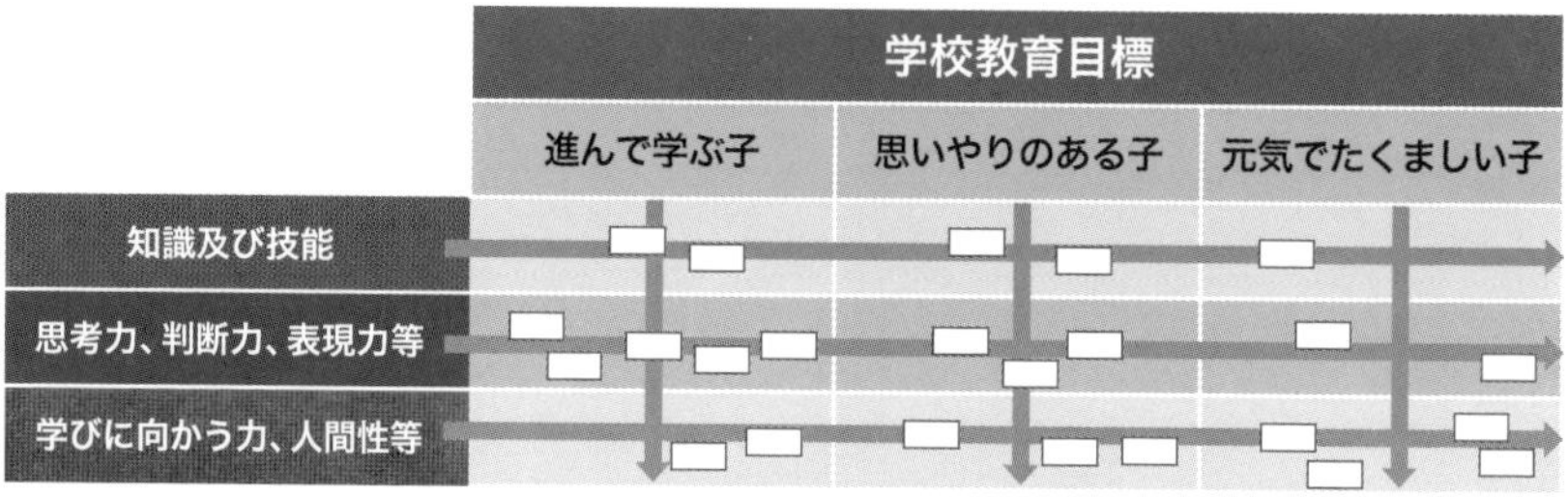

2. 「資質・能力」別に子どもの姿を仲間分けして整理する。

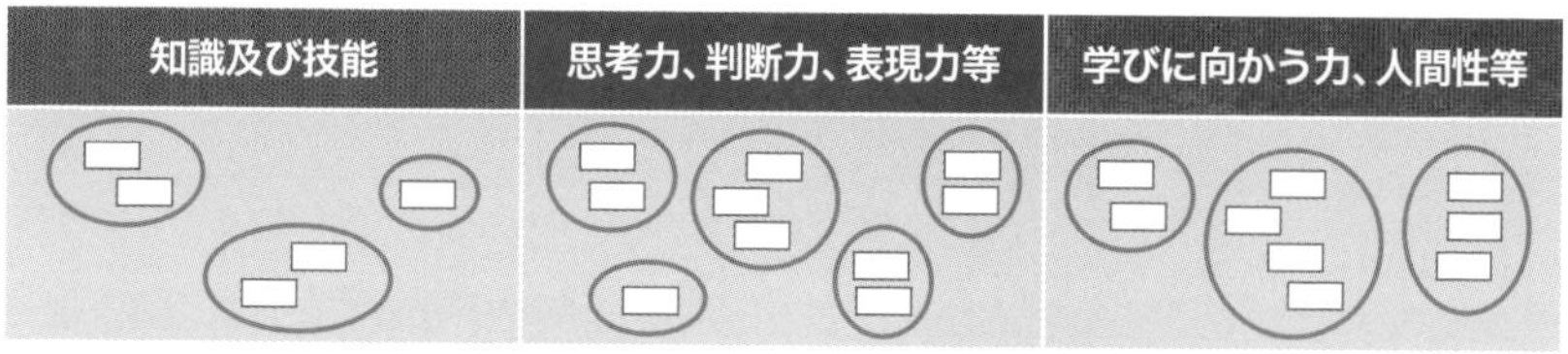

3. 短期目標としての「育成を目指す子どもの姿」として言語化する。

知識及び技能	①「活用・発揮」するための基礎的、基本的な学力（語彙や計算等）が身に付いている。
思考力、判断力、表現力等	①必要な情報を適切に扱っている。 ②自分の考えを広げ、深めている。 ③相手や目的に応じた伝えたいことを効果的に表現している。
学びに向かう力、人間性等	①互いの良さを認め合っている。 ②自分事として関わっている。 ③何度でも挑戦し、粘り強く取り組んでいる。

4. 重点的に取り組むものを決める。

思考力、判断力、表現力等

①必要な情報を適切に扱っている。
②自分の考えを広げ、深めている。
③相手や目的に応じた伝えたいことを効果的に表現している。

縦3　単位時間における育成を目指す子どもの姿の設定

さらに、子どもの発達段階を考慮するとともに、学習指導に系統性をもたせるために、重点的に取り組む短期目標を、低・中・高学年で育むべき「資質・能力」を「単位時間における育成を目指す子どもの姿」として設定しました（下図）。

短期目標は学校教育目標の実現に向けた具体的な姿を示しているのに対して、「単位時間における育成を目指す子どもの姿」は、各学年における期待する子どもの姿を具体的に示すものです。

「単位時間における育成を目指す子どもの姿」（低・中・高）

低学年	①自分の思いや考えをもとに、情報を収集している。 ②比較したり分類したりして特徴を捉え、自分の考えをもっている。 ③相手に伝わりやすいよう簡潔に表現している。
中学年	①必要な情報を適切に判断し、収集している。 ②考えを整理するために適した方法を選び、差異点や共通点を見出し、自分の考えを広げている。 ③相手にわかりやすく伝わるよう、目的に合った表現方法を考えて的確に表現している。
高学年	①意図に応じて適切に情報を収集している。 ②考えを整理・分析するために適した方法を選び、視点や立場を変えて捉え、自分の考えを広げ、深めている。 ③相手にわかりやすく伝わるよう、目的に合ったより効果的な伝え方や順序、構成を考えて表現している。

カリキュラム・デザインの
横
教育目標から落とし込んできたものを重点単元と関連単元で横展開していく

日々の教育活動において、目指す子どもの姿をどの場面で重点的に育成していくのか、計画し、実践していくことが必要です。そこで鍵となるのが、**単元配列表**です。

この単元配列表において、短期目標としての育成を目指す「資質・能力」が各教科等において「活用・発揮」される単元を**重点単元**、各教科で育成された「資質・能力」が教科等間において「活用・発揮」される単元を**関連単元**として定義しました（下図）。

重点単元と関連単元を単元配列表に示すことで、子どもの学びの全体を俯瞰し、短期目標を育成するイメージを明らかにすることが可能となります。

重点単元と関連単元

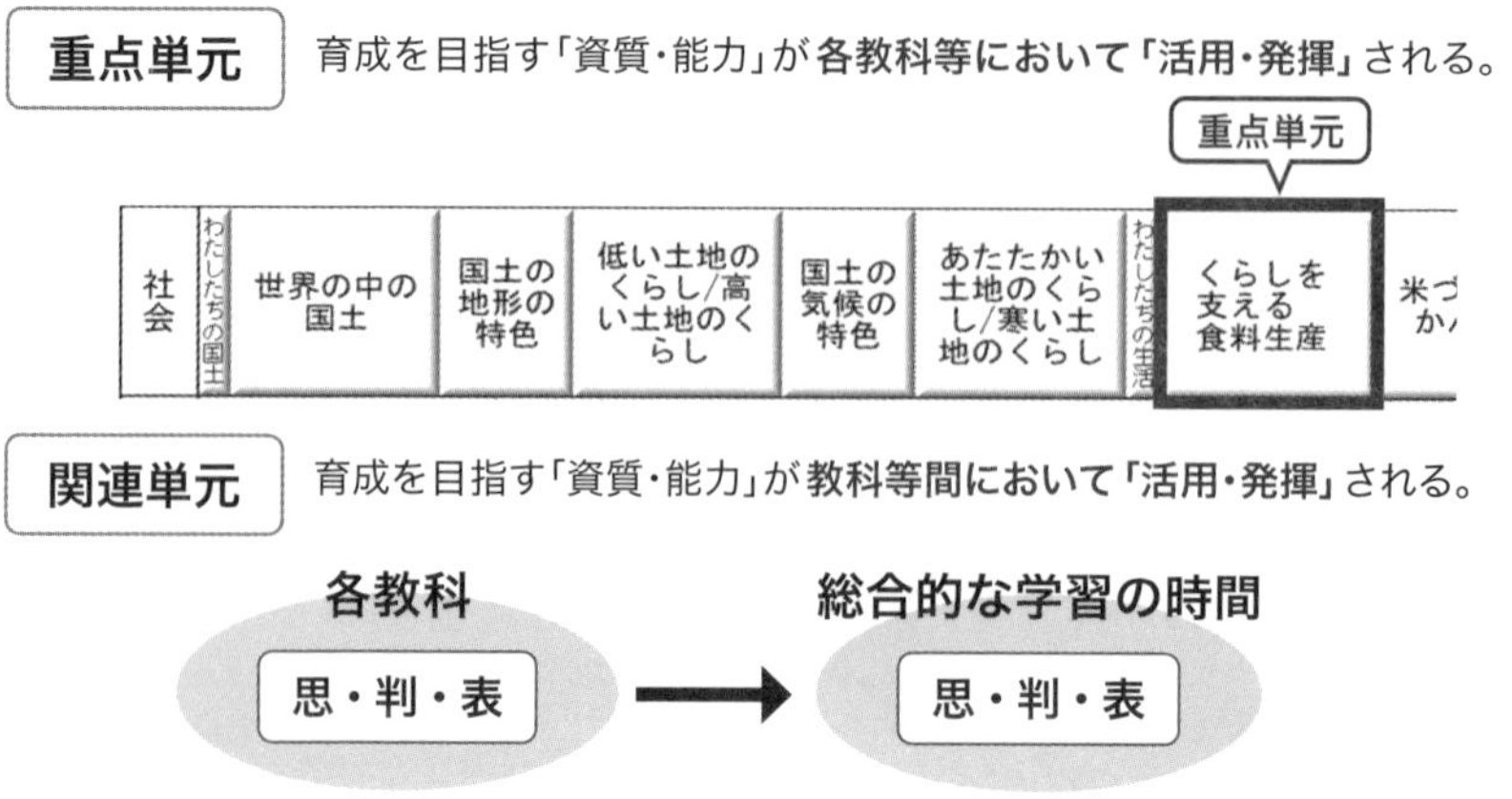

横1 重点単元の設定

重点単元については、「単位時間における育成を目指す子どもの姿」を参考に、各教科等の学習指導要領の内容と照らし合わせ、目指す「資質・能力」の育成につながる単元をピックアップしました。それらの単元のうち、目指す「資質・能力」の発揮が最も期待できる単元を検討して、重点単元として設定しました。

例えば、短期目標の「自分の考えを広げ、深めている」については、単元内において、話し合う活動を通して、視点や立場を変えて捉えて考えることができる、という「思考スキル」の「活用・発揮」が期待できる単元を重点単元としました。

関連単元における「活用・発揮」の具体

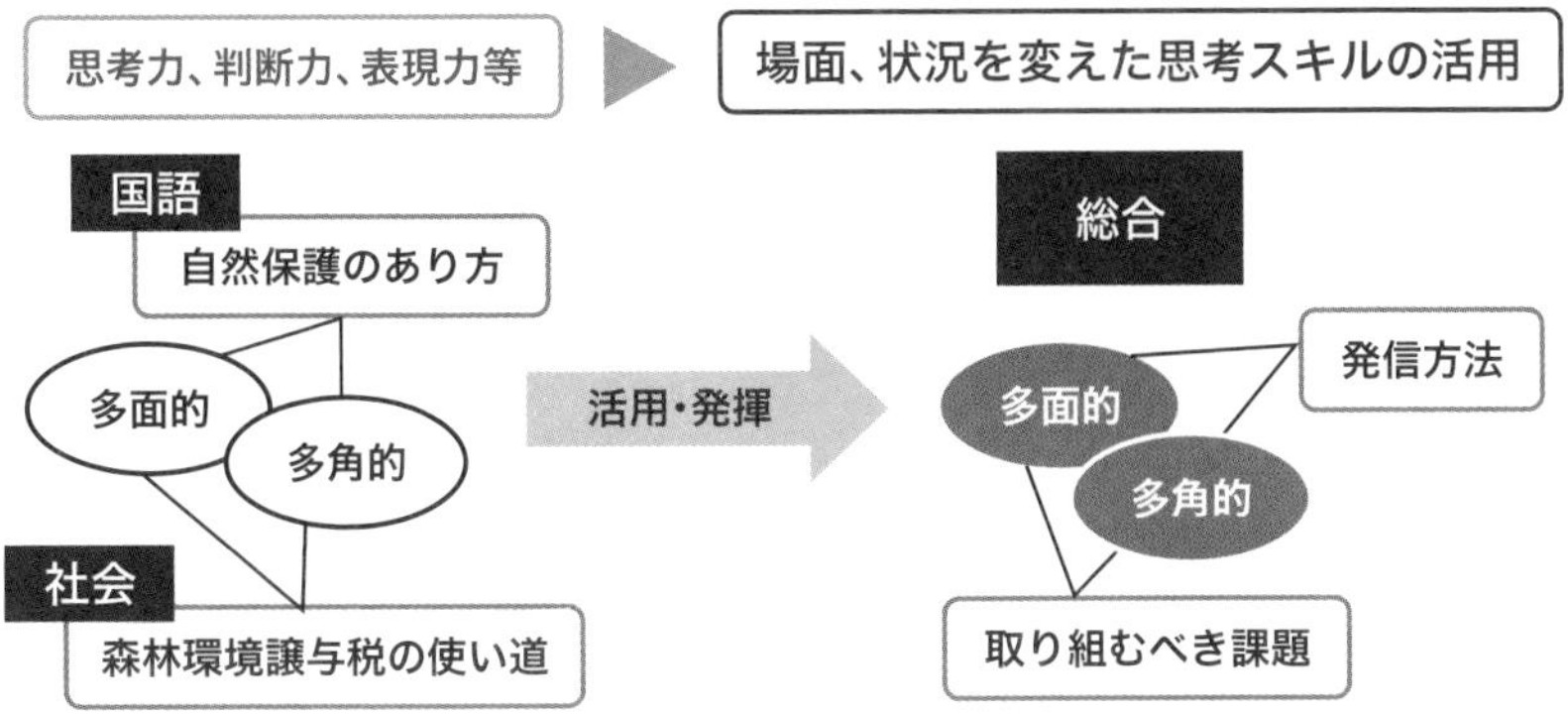

横2 関連単元の設定

関連単元の設定については、次のような手順で行いました。

各教科で設定した重点単元のうち、育成された「資質・能力」が総合的な学習の時間の学習活動においても「活用・発揮」される単元を関連単元として設定しました（p61下図）。

例えば、重点単元の中で育成された、多面的・多角的に見る、といった「思考スキル」が総合的な学習の時間においても、場面や状況を変えて「活用・発揮」される単元を関連単元としました。

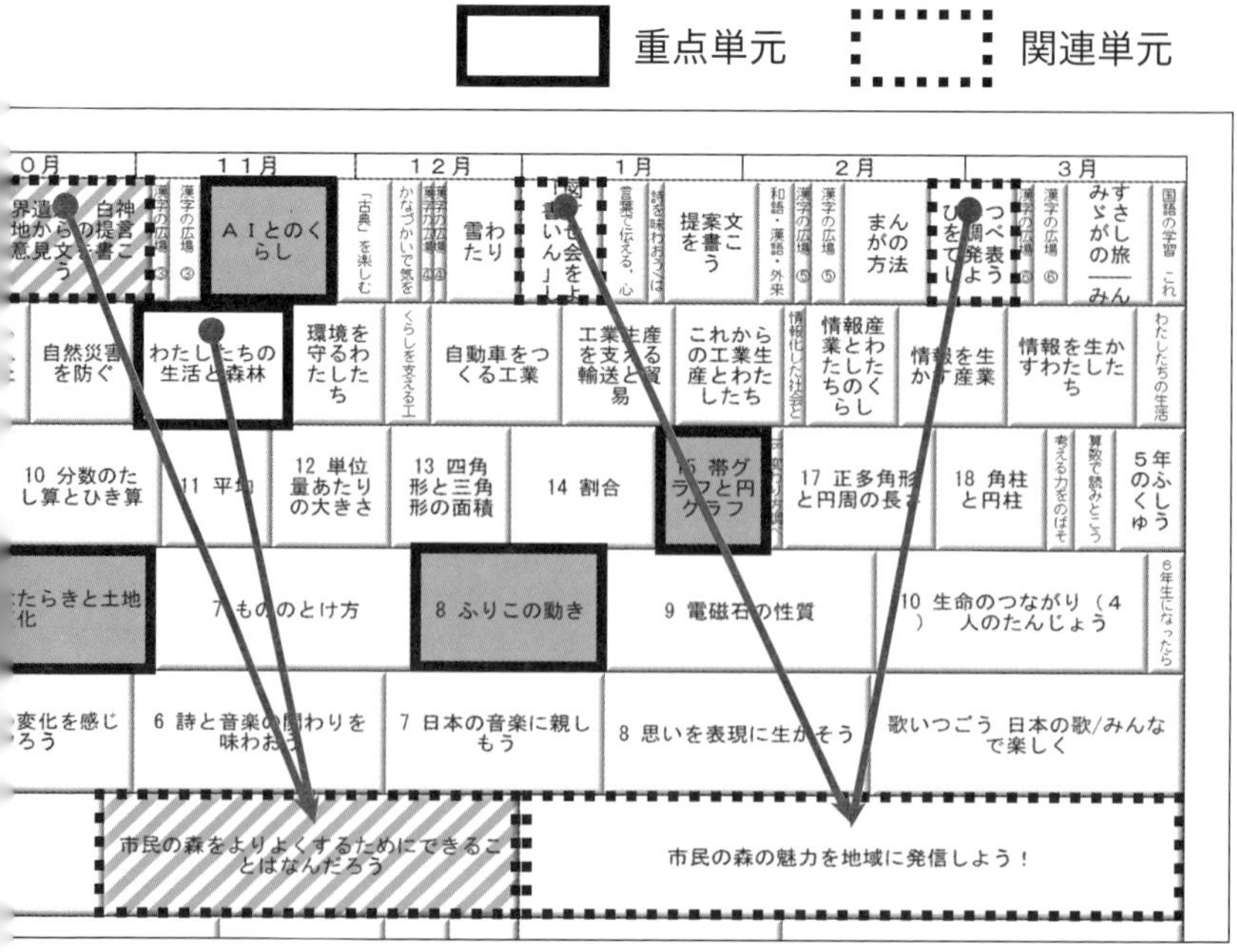

横3　単元配列表における重点単元と関連単元の設定

このような手順を踏み、下に示したような各教科における重点単元と、各教科と総合的な学習の時間との関連単元を明確にした単元配列表を作成しました。（文溪堂「てんまる2022」年間指導計画作成機能にて作成）

重点単元と関連単元を明確にした単元配列表

情報の収集　広げ、深める　表現する

	4月	5月	6月	7月	9月
国語	わたしは木／水平線／うぐいす／いつか、大切なところ	新聞を読もう／「情報ノート」を／人とねずみの「ぼ／言葉と事実	話し言葉と書き言／「町じまん」をすいせんしよう	ポスターを作ろう／素朴な琴／鳴く虫／知りたいことを決／敬語	漢文に親しむ／大造じいさんとがん
社会	わたしたちの国土／世界の中の国土／国土の地形の特色	低い土地のくらし/高い土地のくらし／国土の気候の特色	あたたかい土地のくらし/寒い土地のくらし／わたしたちの生活	**くらしを支える食料生産**	米づくりのさかんな地域／水産業のさ　かんな地
算数	学びのとびら／1 整数と小数／2 直方体や立方体の体積	3 比例／4 小数のかけ算	5 小数のわり算／小数の倍／どんな計算になる	6 合同な図形／7 図形の角	8 偶数と奇数、倍数と約数／9 と の
理科	1 天気と情報（1）天気の変化	2 生命のつながり（1）植物の発芽と成長	3 生命のつながり（2）メダカのたんじょう	4 天気と情報（2）台風／自由研究	5 生命のつながり（3）植物の実や種子のでき方／6
音楽	巻頭／1 歌声をひびかせて心をつなげよう	2 音の重なりを感じ取ろう	3 いろいろな音色を感じ取ろう		4 和音の移り変わりを感じ取ろう
総合	西山市民の森の未来を描こう				

目指す「資質・能力」を育成する学習指導の方策

カリキュラムの縦・横を意識してデザインすることで、一時間一時間の授業の具体にまで落とし込むことができます。この単位時間の授業において、目指す子どもの姿の育成に向けた学習指導の方策として、思考ツールの活用と振り返りによる自覚化を設定しました（下図）。思考ツールを取り入れることで、頭の中にある情報やイメージを可視化し、課題に対する個々の考えを共有したり、広げたり、深めたりすることにつながると考えたからです。また、授業を振り返って見つめ直すことにより、自らの「資質・能力」が確かに育成されていることを自覚することにつながると考えました。

学習指導の方策

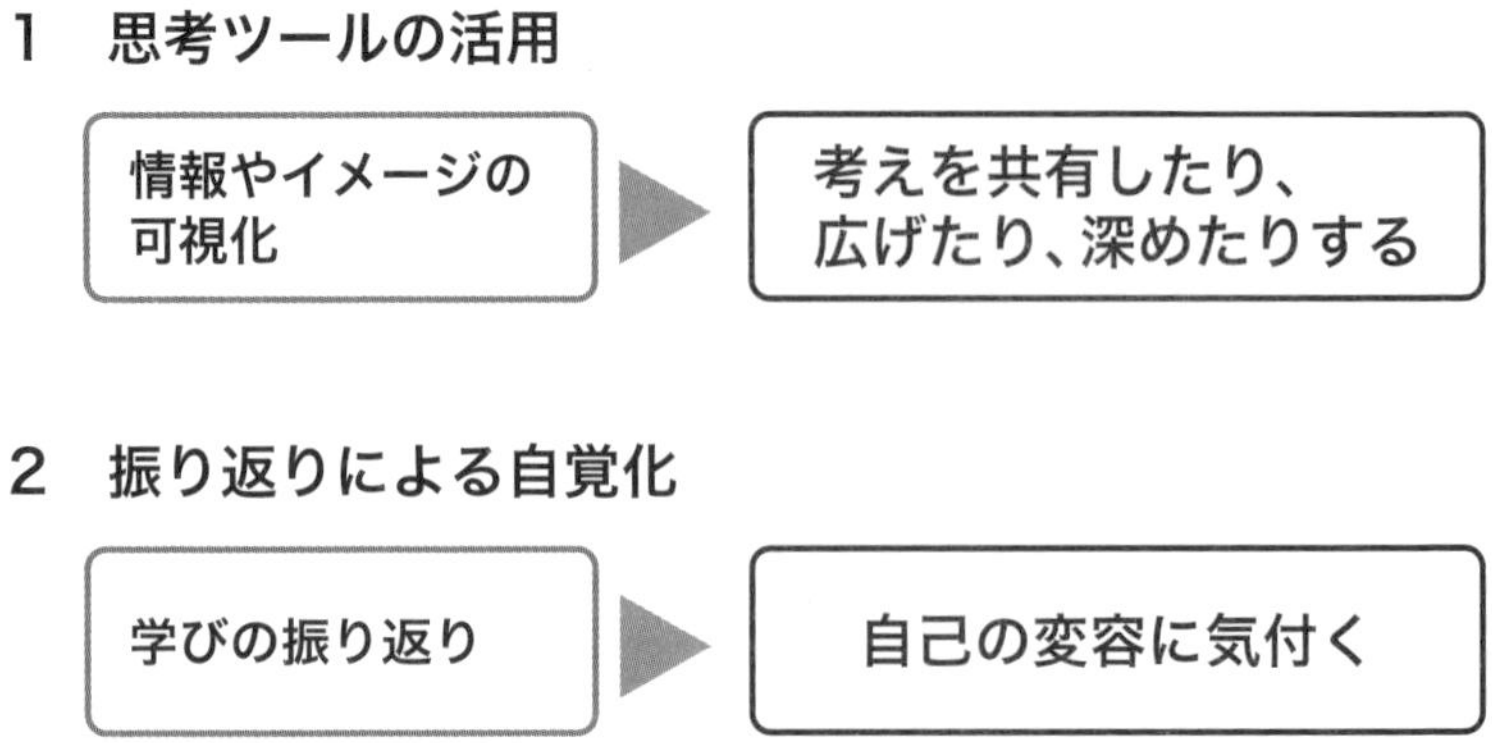

カリキュラム・デザインの
←
横
総合的な学習の時間の中で短期目標を実現する

総合的な学習の時間の単元計画

■単元名　市民の森、救出大作戦！
■対象　第５学年　２学級
■探究課題
市民の森の生物多様性の保全と、人と自然の共生

作成した全70時間の単元のうち、小単元2「自分たちにできることは!?」の計画を示します（下図）。

本単元では、短期目標の一つである「自分の考えを広げ、深めている」について、第2～3時と第15～16時において育成を目指す授業を設定しました。

小単元2の単元計画

探究のプロセス	時配	ねらい・学習活動
課題の設定	1	・生物多様性の戦略拠点の自然環境や生物の変化について知り、市民の森がどのような場所なのかについて話し合う。
	2～3	**・地域の方へのインタビューやアンケート等から問題点を見出し、「市民の森、救出大作戦！」という単元を通した課題を設定する。**
	4	・解決に必要な情報とその調査方法を明確にしながら、計画を立てる。
情報の収集	5～12	・フィールドワークを行い、市民の森の魅力や課題を見出す。
	6	・魅力や課題を伝えるために、どのような視点が重要かを話し合う。
	7～12	・本やインターネット、専門家とのフィールドワークやインタビューで必要な情報を収集する。
整理・分析	13～14	・市民の森をよりよくするために、地域の人に対して市民の森への関心を高めてもらうための活動を考える。
	15～16	**・市民の森を発信する方法として、より目的に近づけるものを検討する。**
まとめ・表現	17	・これまでの活動を振り返ってまとめる。

【第2時：課題の設定】

第2時は課題の設定場面です。授業の導入では、保護者や地域の方の市民の森についてのインタビュー動画を視聴しました。視聴後のグループでの話し合いでは、考えを構造化するピラミッドチャートを使い、解決すべき課題について検討しました（下図）。

グループでの話し合いをもとに全体での話し合いを行いましたが、その際意見が分かれたため、比較しやすいようにマトリックス表を取り入れました。子どもからは、多くの人に伝わるか、持続可能かといった様々な視点から意見が出され、最終的に「市民の森の知名度を上げながら、きれいな状態を保っ

第2時の板書

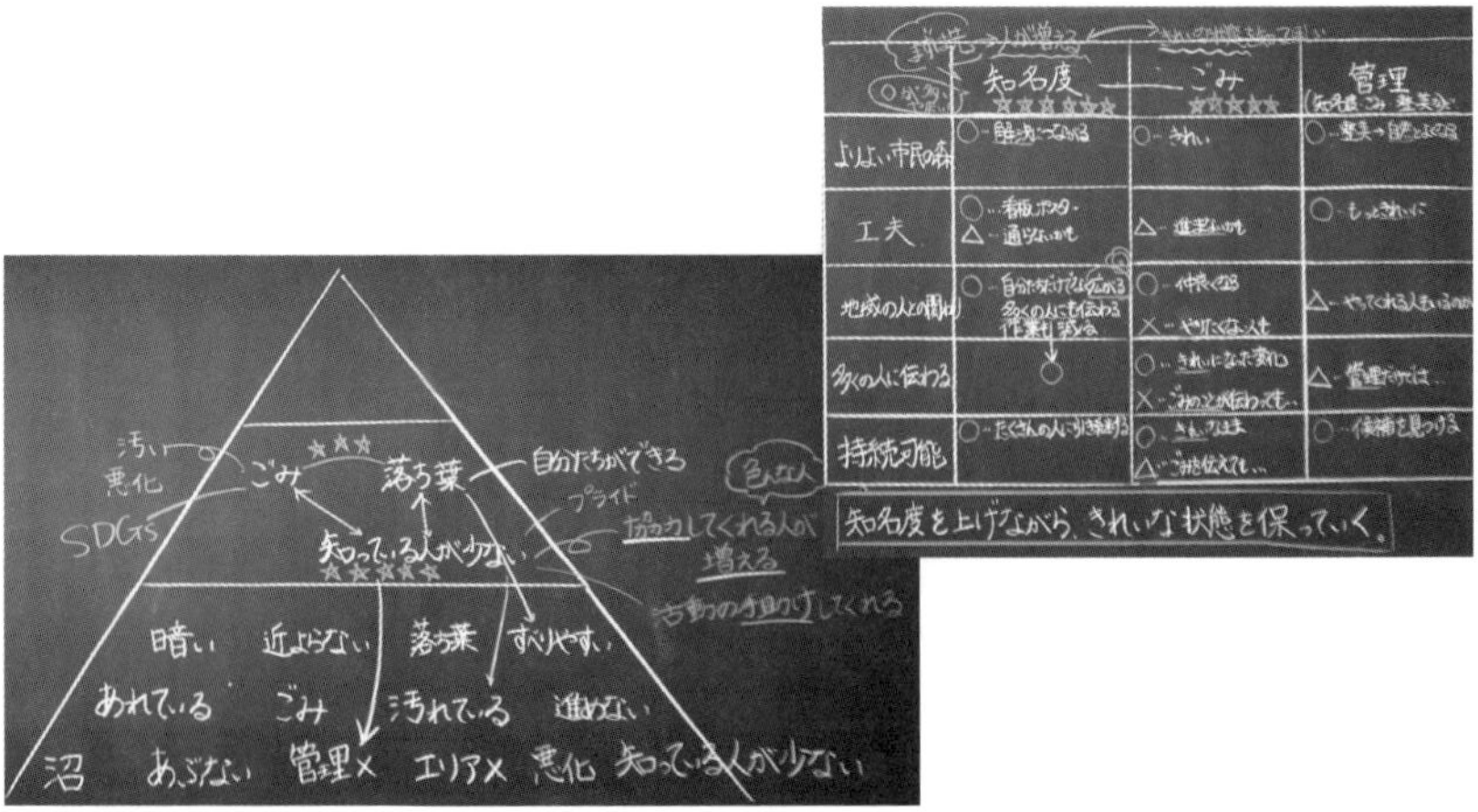

ていく」という課題に取り組むことが決まりました。多面的・多角的に考える思考ツールの活用によって、様々な視点から問題について考え、話し合う姿が見られました。

【第15時：発信方法の検討】

第15時は発信方法の検討場面です。市民の森の知名度を高めるために、どの方法が有効かを話し合いました。グループで話し合う際には、自分たちで適した思考ツールを選ぶよう指示しました。思考ツールはグループによって様々で、他教科で活用した思考ツールも見られました（下図）。

全体での話し合いでは、自分たちより幼い子や保護者、高齢者などの立場や、伝わりやすさ、時間やお金といったコスト、持続可能性などの視点から意

第15時に子どもたちが選んだ思考ツール

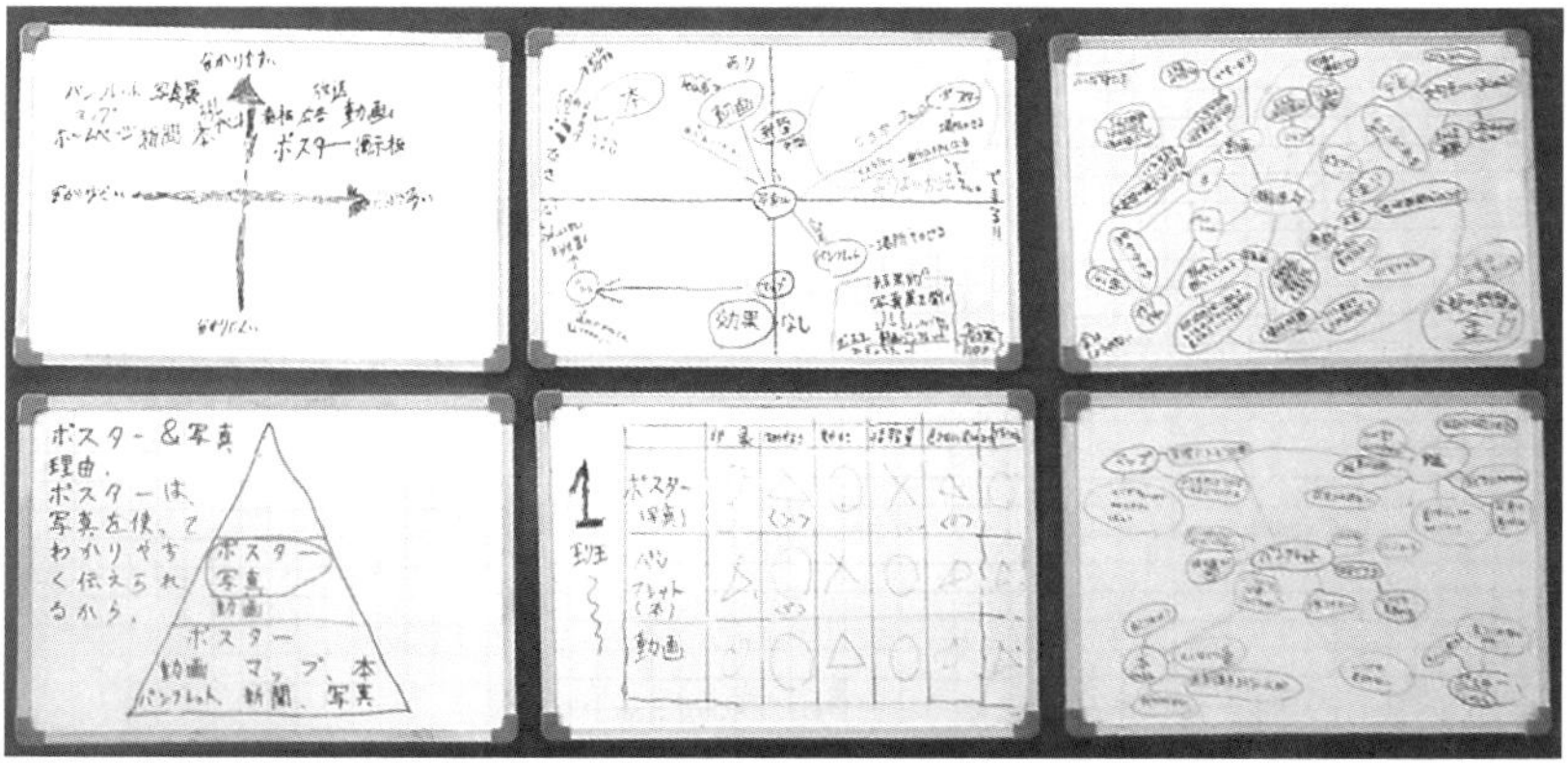

見が出されました。自分たちで思考ツールを選択したことで視点が多岐にわたり、全体の話し合いでも多様な視点から考え、話し合う姿が見られました。最終的に、「ポスター・写真展」を公民館やWeb上で開いて発信するということに決まりました。

思考ツールを活用する子どもたち

第15時の板書

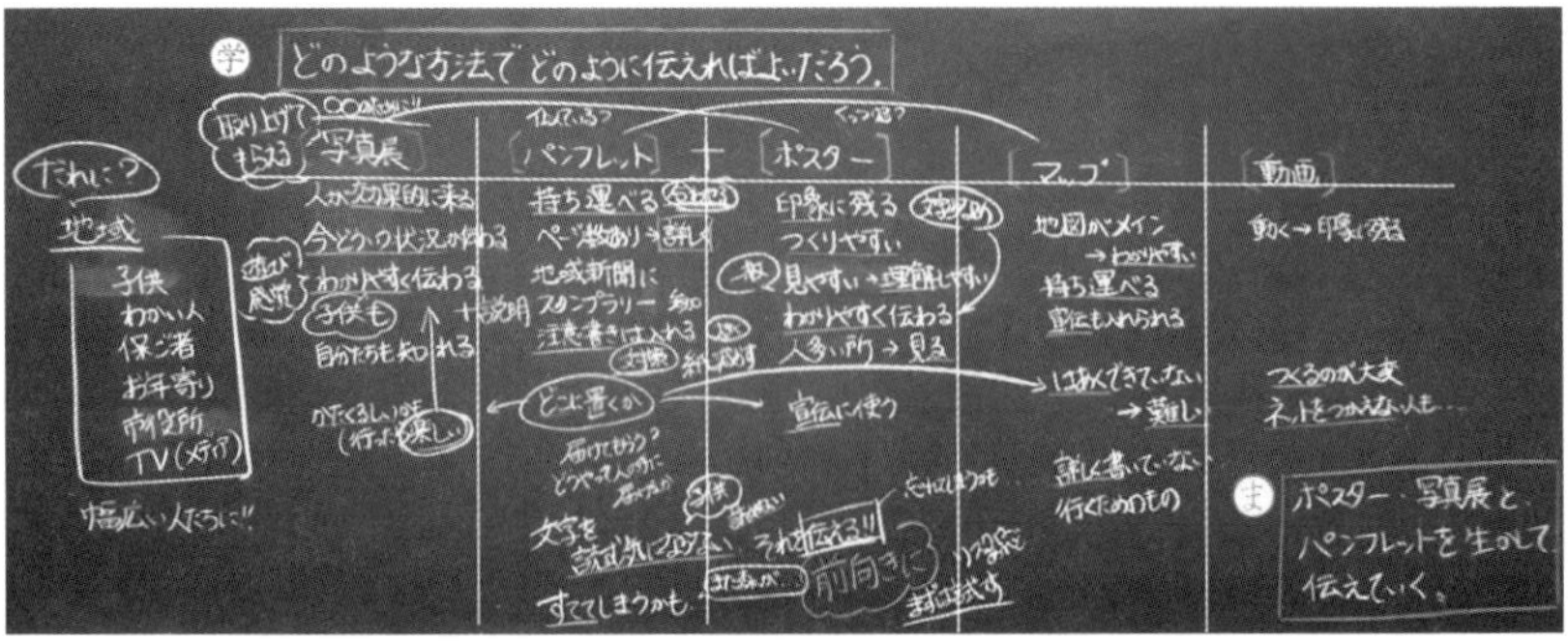

カリキュラム・デザインの**縦**↓

授業や単元の評価を単元配列や育成を目指す子どもの姿を見直し、改善に結び付ける

学校教育目標から縦で短期目標として落としてきたものを、単元配列表で横に展開させていきました。ここからは、授業や単元の評価を単元配列や育成を目指す子どもの姿を見直し、改善に結び付けるポイントを紹介します。縦から横に広げた実践の結果を縦に戻していくイメージです。

重点単元の成果

設定した重点単元が、目指す子どもの姿の育成につながったかを明らかにするために、社会科と国語科の観点別学習状況評価を用いて、通常単元と重点単元を比較・分析しました。

9月から12月に実施した五つの単元のうち、国語科は重点単元二つと通常単元三つを、社会科は重点単元一つと通常単元四つを「思考・判断・表現」の評価で比較しました。

結果として、社会科では重点単元がより高い値を示しました。このことから、重点単元において、1単位時間における目指す子どもの姿を基盤にした単元計画や学習指導の方策

が成果につながったと考えられます。

一方、国語科においては通常単元と重点単元の間に有意な差は見られませんでした。そのため、授業や単元計画、単元配列表などを見直し、改善する必要があると考えています。どの階層を見直し、改善すべきかは、今後検討していくことが必要です。

関連単元の成果

次に、総合的な学習の時間と教科の関連についてです。この実践では、国語科や社会科の重点単元において育成された「資質・能力」が、総合的な学習の時間においても「活用・発揮」されることで、汎用的な「資質・能力」として向上すると考えてきました。

そこで、授業実践の事前と事後で関連的な指導に関する調査を行ってみました。その結果、肯定的な回答の割合は、事後において約20ポイントの増加が見られ、全体の約95%が各教科で

関連的な指導に関する自己評価

Q 他の教科で学んだことを、総合的な学習の時間に使ったり、生かしたりすることができた。

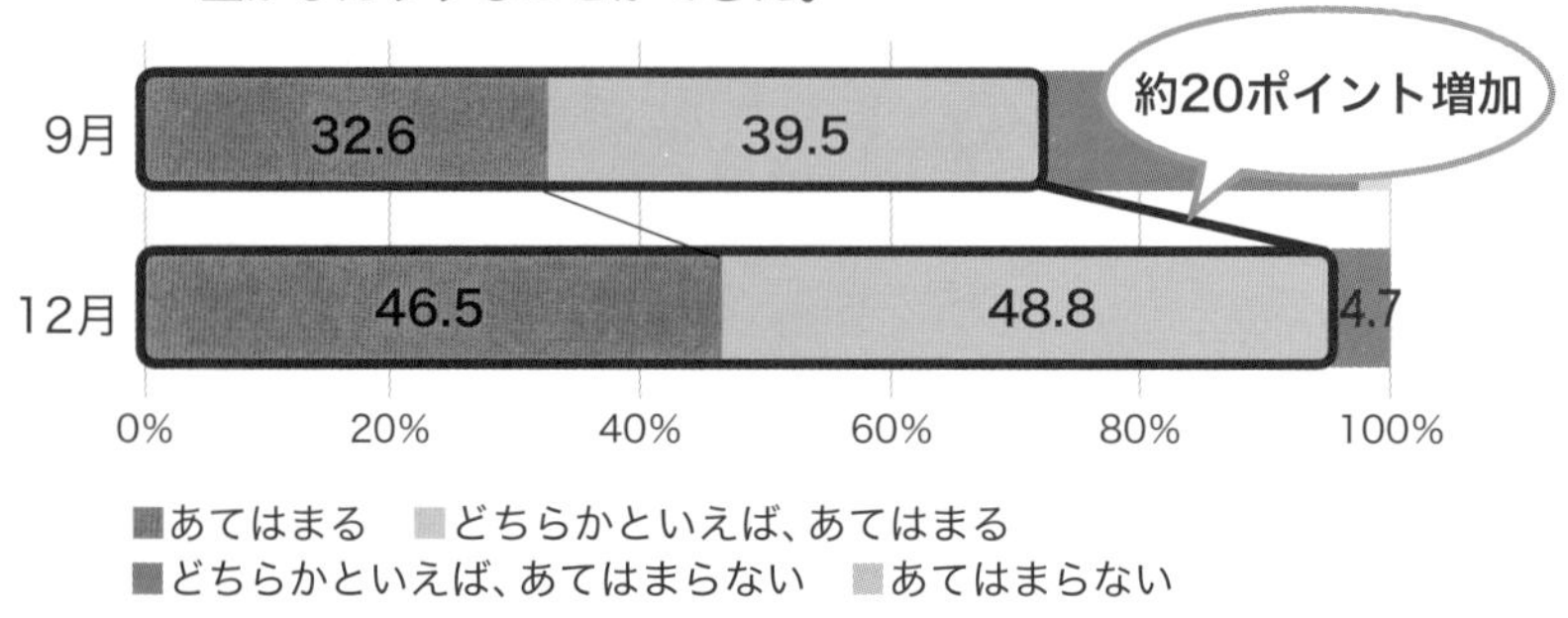

の学びを総合的な学習の時間に生かすことができたと自覚していることがわかりました（前ページ）。

では、子どもたちはどのように関連を自覚していたのでしょうか。総合的な学習の時間や教科における振り返りから考えてみました。

記述内容から関連の自覚が見られた子どもは全体の約30％でした。関連するタイプを三つに分類したところ、「知識や内容」の関連を自覚している子どもが最も多い結果となりました（下図）。これは、社会科と総合的な学習の時間における学習材が「森林」という点で共通しており、関連を認識しやすかったことが考えられます。「単位時間における目指す子どもの姿」に関連する「表現力」や「思考力」について自覚していた子どもは約11％でした。自己評価において関連を自覚している子ど

振り返りにおける子どもの姿

関連するタイプ	子どもの振り返り例（一部抜粋）	人数（%）
知識や内容	総合でも市民の森についても勉強しているから森林について色々知っているつもりでした。だけど、社会の勉強で「森林」について学習して、森林の役割やその活用についてなどいろいろなことを学ぶことができました。	8名（17.8%）
表現力	国語の授業の中で、友達との意見の交換方法や伝え方をたくさん学んだので、日常生活や総合の授業でも友達に意見をわかりやすく伝えることに、役立てられています。	3名（6.4%）
思考力	社会などの授業で色々な立場で意見を考える時に、いくつかの視点を決めて考える方法を使ってたくさんの意見を出すなど、今まで学んだことが、総合の授業やいろいろなことを考える時に、参考にすることができています。	2名（4.4%）

もが約95%だったことを踏まえると、どのような点で関連しているかについて、明確に自覚している子どもの割合は低かったことがわかりました。

得られた成果と課題

学校教育目標から育成を目指す子どもの姿を「資質・能力」の三つの柱で整理し、それらが各教科において「活用・発揮」が期待できる重点単元と、各教科と総合的な学習の時間との間において「活用・発揮」される関連単元を明確にしたカリキュラム・デザインを行ってきました。そのことが、目指す「資質・能力」の育成につながるかを明らかにするために、各教科における観点別学習状況の評価をカリキュラムの評価に用いることができるかを検討しました。その結果、以下の成果を得ることができました。

育成を目指す子どもの姿をもとに、重点単元と関連単元を明確にしたカリキュラム・デザインを行うことで、「資質・能力」が適切に「活用・発揮」される単元配列や具体的な学習指導を意図的に設定することができました。このことは、目指す「資質・能力」の育成につながる可能性があると考えられます。

また、観点別学習状況評価の結果をカリキュラム評価として用いることができないかを考えてきました。評価結果を活用することで、授業改善だけではなく、単元やカリキュラムの見直し、改善にもつながると考えています。

一方、観点別学習状況評価の結果をカリキュラムの評価として用いた場合、育成を目指す子どもの姿や単元配列、単元計画、授業のどの階層を見直し、改善するとよいのかは、今後、子どもの姿や教師の振り返りなどを踏まえて詳細に検討していくことが必要だと考えます。

★〈ポイント1〉育成を目指す子どもの姿の設定

柳沢小学校の実践で、学校教育目標を見つめ直し、長期目標から短期目標を明らかにする流れがつかめたと思います。知・徳・体などで構成されている学校教育目標を三本柱とのマトリックス表で見つめ直し、その分類をもとに焦点化し、「育成を目指す子どもの姿」を短期目標として設定する手順。さらに、短期目標から重点的に取り組むものを決める方法を図解してありますので、ぜひ、参考にしてください。

★〈ポイント2〉重点単元と関連単元の設定

柳沢小学校の実践では、「単位時間における育成を目指す子どもの姿」を参考に、各教科等の学習指導要領の内容と照らし合わせ、目指す「資質・能力」の発揮が最も期待できる単元を検討し、設定しています。こうした検討を校内研修として行うことに大きな意味がありますが、重点単元や関連単元の設定はこうしなければならない、ということではなく、学習指導要領を踏まえて経験則的に重点単元や関連単元を設定しても問題はないと考えています。

★〈ポイント3〉評価結果をカリキュラムの改善に生かす

カリキュラム・デザインの縦と横によって、学校教育目標を単位時間の授業に落とし込むことが可能になりました。その結果、授業での評価結果を学校教育目標や教育課程の編成といったカリキュラム改善に機能させています。カリキュラムを評価する重要なポイントと手順が示されたと考えています。

2 カリキュラム・デザインの縦

我孫子市立新木小学校の実践から考える

キーワード
教職員の協働

第1章で見てきたように、カリキュラム・デザインの縦とは、カリキュラム・デザインの三つの階層

①教育活動全体の関係を「グランド・デザイン」として描く。

②学年の学習活動を俯瞰して「単元配列表」を描く。

③一連の学習活動のまとまりとしての「単元」を描く。

の縦の並びを中心のイメージとしています（下図）。この三層を通じて、学校教育目標が示す子ども像を1単位時間において育成することを目指すものであり、言い換えれば、学校教育目標が1単位時間の授業にまで落とし込まれるように明確化するプロセスといえます。

これから紹介する我孫子市立新木小学校の実践では、

カリキュラム・デザインの三階層

①教育活動全体の関係を 「**グランド・デザイン**」として描く
②学年の学習活動を俯瞰して 「**単元配列表**」を描く
③一連の学習活動のまとまりとしての 「**単元**」を描く

学校教育目標に焦点を当て、総合的な学習の時間を中核としたカリキュラムをデザインし、設定した短期目標を効果的に育成を図る方法を考えています。

学校教育目標からどのようにして短期目標の設定を行っていったのか。さらに短期目標を階層として整理することで、発達段階で育むべき「資質・能力」の具体を把握している様子に注目していただきたいと思います。先の柳沢小学校の実践との違いにも目を向けてみましょう。

どの地域、校種でも活用できるカリキュラム・デザインの一例となると考えます。

校内研究の進め方の実践事例としても学ぶところが多いと思いますので、ぜひ参考にしてください。

学校教育目標から短期目標を定め、実践に向かう取り組み

我孫子市立根戸小学校　杉本一生

学校教育目標を具現するカリキュラム・デザイン

　学校教育目標の実現にとって大切なことは、教育目標が目指す子ども像を、授業での子どもの姿から評価していくことだと考えます。そこで、教育目標の実現のために、カリキュラム・デザインの三つの階層をより明確にする必要性を感じ、各階層での取り組みを整理しました（下図）。カリキュラム・デザインの三つの階層を授業にどうつなげていくのかを常に意識し実践に取り組みました。

　前任校・我孫子市立新木小学校の学校教育目標は、「心豊かでたくましく自立する子」であり、知「考える子ども」・

カリキュラム・デザインの各階層における取り組み

カリキュラムデザインの3階層	階層での取り組み
1.グランド・デザインを描く （全体計画）	①学校教育目標の見つめ直し ②短期目標の設定 ③短期目標の階層表の作成 ④総合的な学習の時間の全体計画の作成
2.単元配列表の作成 （各教科との関連）	①各教科との関連的な指導類型表の作成 ②単元配列表の作成
3.単元計画の作成 （「資質・能力」の「活用・発揮」場面の設定）	①単元の発想 ②単元の構想 ③単元の計画

徳「助け合う子ども」・体「強い子ども」の三つの行動目標から構成されています（下図）。

この学校教育目標は、昭和55年から掲げられており、長年にわたり、子どもたちの心身共に健やかな成長と将来を見据えて自立する力の育成を図ってきました。特に、「考える子ども」については、子どもの実態から、研究教科である国語科を中心に各教科等で育成を図る方針を年度初めの研究計画でも定めてきました。

そこで、本校の国語科の研究と総合的な学習の時間を中心に、カリキュラム全体で目指す子ども像の育成を図ることとしました。

国語科の研究においては、前年度の反省を踏まえつつ、引き続き授業改善を図っていくこととしました。加えて、総合的な学習の時間を中核としたカリキュラムをデザインし、目指す子どもの姿を1単位時間で具体的に捉え、育成していく

我孫子市立新木小学校の教育目標と行動目標

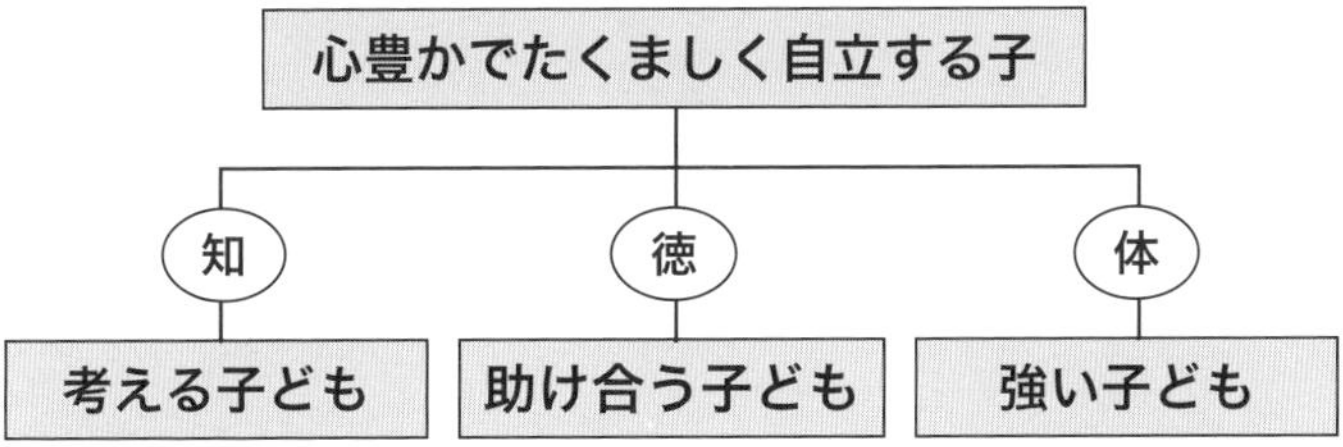

こととしました。

また、総合的な学習の時間を中核としたカリキュラム・デザインを構築できれば、国語科だけではなく、各教科においても目指す子ども像を育成するための単元設計や授業改善の手立てを立てることができると考えました。

さらに、総合的な学習の時間と国語科で子どもの学びがつながれば、国語科の研究にも相乗効果が出て、本校の研究をさらに推進していくことにもなると考えました。

学校教育目標の見つめ直し

カリキュラム・デザインの第一層にあたる「グランド・デザインを描く」段階では、まず学校教育目標の見つめ直しを行いました。

知・徳・体の行動目標からなる本校の学校教育目標について、マトリックス表を活用して、昨年度の研究のまとめや教師の願いを踏まえてグループで話し合い、子どもの実態や課題として整理しました（左図）。

学校教育目標の見つめ直しシート

	学校教育目標　心豊かでたくましく自立する子		
	知	徳	体
	よく学び，最後まで努力する子 （考える子ども）	よく働き，助け合う子 （助け合う子ども）	心身共に健康でたくましい子 （強い子ども）
実態・課題	「学ばないよね」嫌いな子が多い 点が線にならない 積み重ならない 家庭学習の習慣△ 素直にやる（教師があきらめずにがんばれば…）	自分の思いを上手に相手に伝えるのが苦手⊖ よく働く!! お手伝いは好き!!	「心と体がつながっていない」とは？ 体は元気!! 体力すごい!! 動くの大好き!! やさしい
↓ 原因・背景	お家の人がいそがしい 学習のしかたがわからない	愛されている ・家庭環境に差がある ・言葉（語い）が少ない 〈差がある〉	・過保護 ・発達的な要因 ・大自然の中で育っている（地域性） ・地域愛
校像：明るく清潔で，けじめと思いやりのある学校			
師像：子ども，保護者，そして地域に信頼される教師			

校内研修でのグループワーク

　良い点や課題については、その背景や原因を話し合うことで良い点を伸ばしたり、課題を改善したりする方法も検討できるようにしました。

　学校教育目標を「見つめ直し」としたのは、見直して新しいものに変えるのではなく、今の学校教育目標に対する現状を捉え、原因を考え、改善していく方向に重点を置いたからです。

　グループから出た意見を整理すると学校教育目標に対して良い点と課題の傾向が見られました（下図）。

　学校教育目標の見つめ直しを行うことで、行動目標ごとに子どもの実態として良い点と課題を浮き彫りにすることができ、教師間で共通理解を図ることができました。

学校教育目標に対する良い点と課題の傾向

学校教育目標	心豊かでたくましく自立する子		
	知	徳	体
行動目標	よく学び最後まで努力する子（考える子ども）	よく働き、助け合う子（助け合う子ども）	心身共に健康でたくましい子（強い子ども）
良い点	・互いの考えを伝え合う。 ・学び合って課題を解決しようとする。	・決められた仕事や任された仕事は最後までしっかりと取り組む。 ・協力して取り組める。	・体を動かすのが好きで部活動を中心に好きなことには熱心に取り組む。
課題	・基礎学力が低いことが、「できない、わからない」につながっている。 ・意欲に差がある。	・相手に声をかけて助け合える子に対して、自分の思いを相手に伝えるのが苦手な子も多い。	・つまずきがあると自ら考えて解決したり工夫したりしてほしい。

短期目標の設定

学校教育目標で育成を目指す子ども像を学習指導要領が示す「資質・能力」の三つの柱で整理するために、マトリックス表を活用しました（次ページ）。

横軸は、学校教育目標につながる知・徳・体ごとの行動目標、縦軸に三つの「資質・能力」を設定し、9個の枠に学校教育目標の見つめ直しで出た子どもの実態や期待する姿をあてはめていきました。

9個の枠に均等に言葉が入るわけではなく、たくさん入る枠は学校のストロングポイントや課題が明確になっている部分、一方、言葉が入らない枠は、学校教育目標を「資質・能力」でイメージしにくい部分として確認しました。

教師たちは4つのグループに分かれ、子どもの実態や課題、教師の願いを踏まえて、「資質・能力」が育成された子どもの姿として「〜な子」という表記でマトリックス表に書き込んでいきました（次ページ）。

4つのグループに分かれて検討

各グループで作成したマトリックス表(一部)

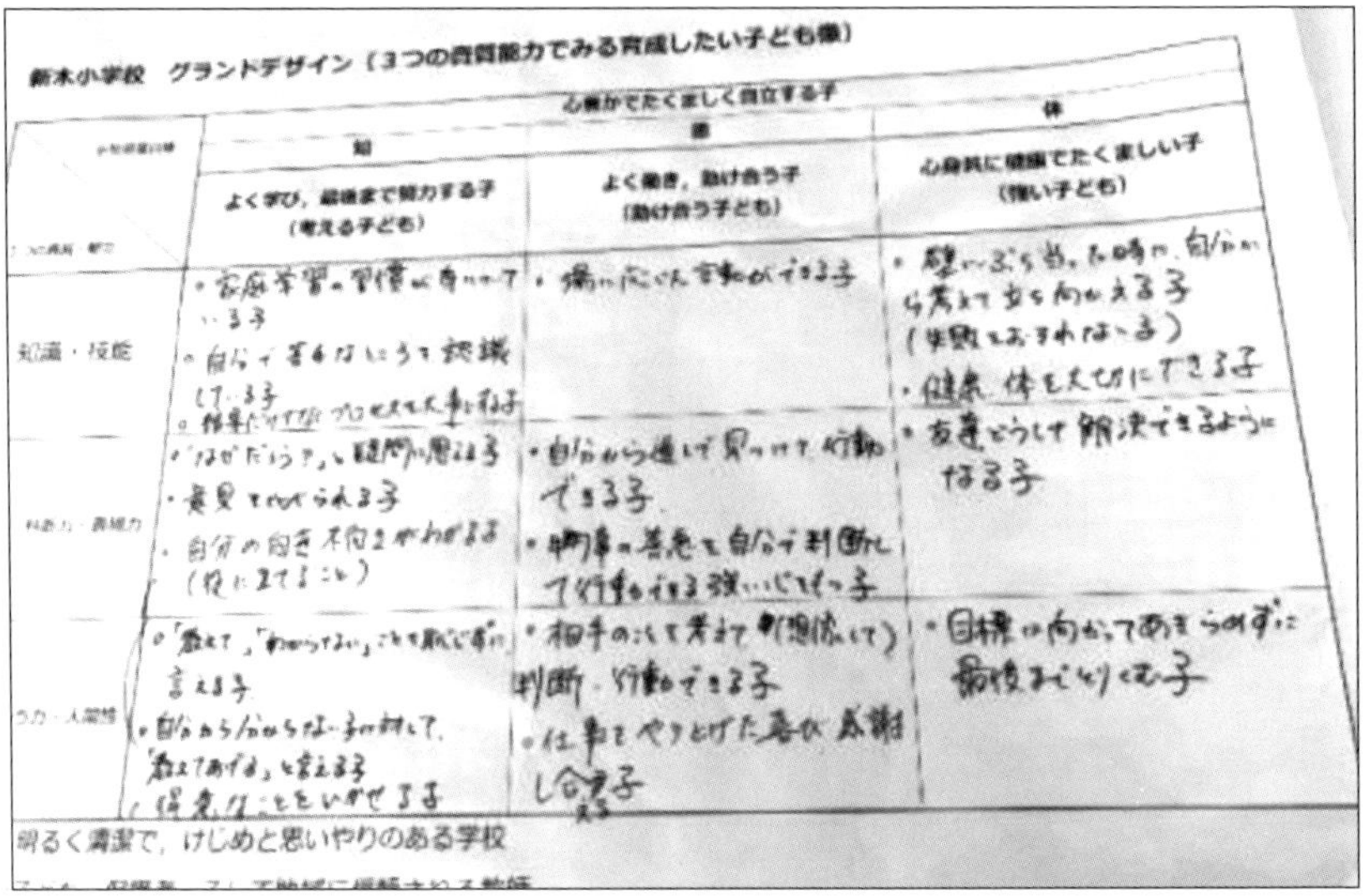

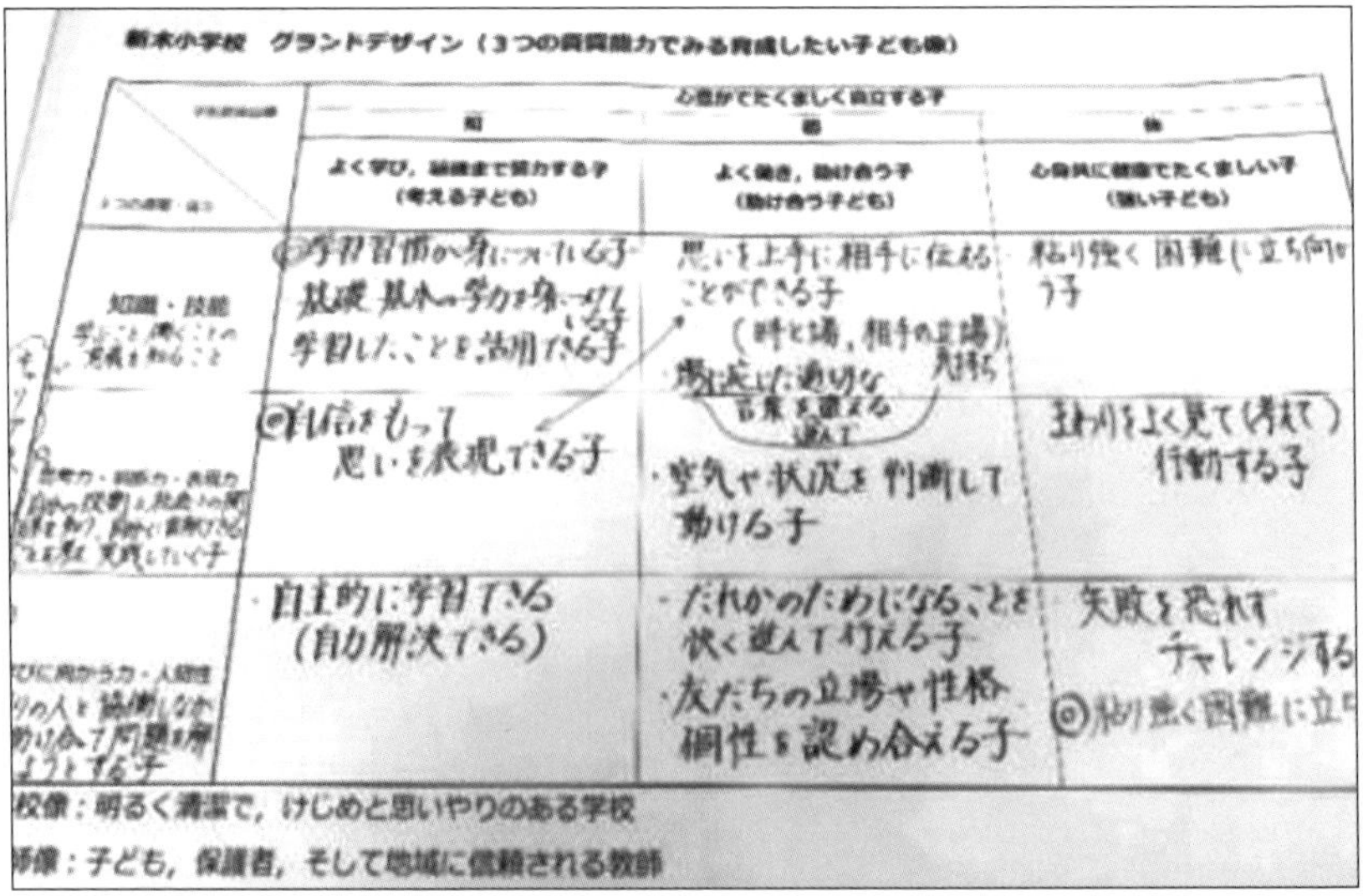

４つのグループで作成したマトリックス表を全体共有すると、共通する言葉や似た表記が見られたり、同一内容でも、別の枠に書かれたりしていることがわかりました。

そこで、各グループに共通する言葉や外せない言葉を重要なキーワードとして枠ごとに抽出し、三つの「資質・能力」でキーワードを統合して、一つの文章に整理し、短期目標として設定しました（下図）。

こうして短期目標を設定しましたが、それを全ての学年にあてはめて考えることは難しいと考えました。例えば、短期目標の「知識及び技能」にあたる「思考するための土台となる基礎、基本的な学力を身に付けている子」というのは、各教科等、学習指導要領に規定されているため、それに準じるところが大きく、学年が上がるにつれて個別の知識から抽象的な概念を理解していくようになります。

また、短期目標の「思考力、判断力、表現力等」にあたる「自

校内研修を通して設定した短期目標

知識及び技能	思考するための土台となる基礎、基本的な学力（語彙や計算力）を身に付けている子
思考力、判断力、表現力等	自ら課題を見つけ、解決するための方法を考え、行動できる子
学びに向かう力、人間性等	失敗を恐れず挑戦し、課題に向かって粘り強く取り組める子

ら課題を見つけ、解決するための方法を考え、行動できる」についても、解決するための方法を思考スキルに焦点化して考えたとしても、比較、分類というどの学年でも使う思考スキルから、高学年では、構造化、推論するといった高度な思考スキルを活用するようになります。

そこで、発達段階で育むべき「資質・能力」の具体を把握するため、学習指導要領の各教科の目標や内容から「資質・能力」のキーワードの抽出を行い各教科で共通するキーワードを一覧として整理してみました。

学習指導要領から抽出したキーワードを一覧にすることで、「資質・能力」ごとに発達段階に応じた記述の傾向をまとめることができました。これを短期目標の記述に照らし合わせて文章化することで、短期目標が示している子ども像を低・中・高学年ごとの具体的な姿で捉えることができました（次ページ）。

短期目標の階層表

短期目標　発達に応じた階層			
	知識及び技能	思考力、判断力、表現力等	学びに向かう力、人間性等
新木小短期	思考するための土台となる基礎、基本的な学力(語彙や計算力)を身に付けている	自ら課題を見つけ、解決するための方法を考え、行動できる	失敗を恐れずに挑戦し、課題に向かって粘り強く取り組める

	知識及び技能	思考力、判断力、表現力等	学びに向かう力、人間性等
高学年	《知識》 宣言的知識がつながることで抽象化され、その知識の概念を理解できる(～性) 《技能》 なめらかに、より速く正確に処理する(手続きは無意識に自動化され、遂行に言語が不要になる)	自ら課題を見つけ、予想や仮説をもとに解決方法を発想し、多角的に考え、自分の考えを他者に説明したり、それをもとに議論したりする	課題解決に向けて主体的に、自分が考える最善の方法で検討して取り組む 【誠実性・外向性】
中学年	《知識》 宣言的知識のつながり(関連)がわかる(○○と□□の共通点は△△であり、違う点は◎◎である) 《技能》 なめらか且つ、誤りを自分で修正し正確に処理する(感覚のフィードバックや結果の知識により自ら誤りを修正できる。言語説明が困難になる)	自ら課題を見つけ、既習や経験をもとに根拠をもって予想し、具体物や図などを使い関連させて考察し、的確に伝える	課題に対してよりよい解決策を考え検討し続け、最後まで努力して取り組む 【誠実性・外向性】
低学年	《知識》 宣言的知識がわかる(○○は△△である) 《技能》 自分の力で丁寧に処理する(言語的理解から学習する)	自ら課題を見つけ、具体物や図などを用いて比較、分類して捉え、その違いに気付き、感じたことを簡潔に伝える	課題に対して自ら働きかけ、進んで取り組める 【誠実性・外向性】

校内研究を推進する立場として、キーワードの抽出を踏まえて短期目標の階層表を作成したことにより、発達段階に応じた子ども像を具体化することができました。

短期目標の階層を言語化したことで、担任は目指すべき子ども像を意識して単元計画や指導の方法を考えることができるようになりました。自信をもって授業の設計ができ、次の学年を意識した見通しのある指導にも生かすことができたと考えています。

とりわけ、「思考力、判断力、表現力等」に関して、重点的に育成をしていきたいという意見が多かったことから、「自ら課題を見つけ、解決するための方法を考え、行動できる子」を重点目標としていきました（下図）。

短期目標の重点化

	考える子ども（知）	助け合う子ども（徳）	強い子ども（体）
知識及び技能	思考する土台となる基礎、基本的な学力を身に付けている子		
思考力、判断力、表現力等 短期目標の重点化	自ら課題を見つけ、解決するための方法を考え、行動できる子		
学びに向かう力、人間性等	失敗を恐れず挑戦し、課題に向かって粘り強く取り組める子		

ここまで記してきたように、前任校は国語科の研究指定を受けていました。そこで、単元配列表上も、国語科と生活科、総合的な学習の時間に焦点を絞りました。育成を目指す子どもの姿を、全員で共通理解を図りながら、一歩一歩進めていきました。それを実現するための授業の手立てを各学年で考えることで、目指す子ども像の実現に向かって指導していることを教師も自覚できます。授業の手立てが何のために立てられるのかが明確になるので、1単位時間の授業設計もクリアになります。

自分たちが目指したいところは「ここなんだ」という大きい目標から具体化することで、わかりやすくなっていったのだと感じています。

カリキュラム・デザインの縦を重視し、学校教育目標と「資質・能力」の関係、短期目標の設定、教育活動との関連、改善策等に取り組み、まとめてきたことにより、教育課程全体を構造化して捉えることができ、学校教育目標が示す子ども像に向けての道筋を全員で共有できたと考えています。

★ 田村はこうみる

★〈ポイント1〉生き生きと語り合う声が聞こえてくる実践

学校教育目標から短期目標に具体化していき、ひいては授業まで落とし込んでいく道筋が具体的に見える実践です。グループワークの様子や協働で取り組む場面の具体例が出ていて、大変参考になります。

各学校が学校教育目標としての知・徳・体を短期目標にするときには、具体的に「こんな時間を設定して、こんなメンバーで、こんな方法や手順でコミュニケーションをとる」という研修の場面、会議のシーンがイメージできます。互いに力を合わせ、学び合っている様子から、子どもの姿をもとに生き生きと語り合う声が聞こえてくるように思います。

★〈ポイント2〉学校教育目標を共有したことで目線が揃った

学校の教育目標は、絵に描いた餅になっていたり、ただ諳《そら》んじるだけで終わっていたりすることも多いようです。それを自分のものとして、互いに共有したことで、子どもに対する目線が揃ったところが大きいと思います。

最終的には授業に落とし込んでいくわけですが、そのために、具体的に教師間でどんなことをすればいいのか、どんな研修をすればいいのか、ということが新木小学校の実践を見ているとわかってくるのではないでしょうか。

★〈ポイント3〉 カリキュラム・デザインの縦のイメージがつかめる

この実践から、カリキュラム・デザインの縦を具現していく道筋や手順をイメージしていただけるといいなと思います。その結果、どんな短期目標ができて、最終的にはどんな授業の目標を定めていくかが見えてきます。こういったことを参考にしていくことによって、各学校のカリキュラムが、学校教育目標からグッと授業に向かって焦点化されていくのではないかと期待しています。

3 カリキュラム・デザインの横

松戸市立北部小学校　平松正裕先生の実践から考える

キーワード　ＥＳＤ、ＳＤＧｓ

カリキュラム・デザインの横の実践を見ていきましょう。カリキュラム・デザインの横では、教科等横断的な見方が大切です。

カリキュラム・デザインの横としてこれから紹介するのは、平松さんの教科で獲得した知識が総合的な学習の時間で発揮され、概念的知識として形成される具体的事例です。前任校・松戸市立北部小学校5年の実践です。

総合的な学習の時間を中心に、持続可能な社会の創り手に求められる「資質・能力」の育成を考える先生方も多いと思います。ＥＳＤ（持続可能な発展のための教育）やＳＤＧｓ（持続可能な開発目標）は学習内容が幅広く、学年間の系統性や発達段階に応じて探究課題や「資質・能力」を設定する必要があります。まずは、探究課題の設定に注目してほしいと思います。

第1章でもお話しした通り、「深い学び」とは「知識や技能が相互に関連付けられたり、組み合わさったりして、構造化したり身体化したりすること」と言えます。子どもたちは、教科書や他者との対話、調べ学習などを通して様々な知識をインプットしていきます。そして、自分が話したり書いたり、アウトプットすることによって、バラバラだった知識がつながり、塊ができるイメージです。

このような構造化された知識を概念、概念的知識と言いますが、ESDが示す相互性の概念を形成するために、平松さんが、教科等横断的な視点から教育課程の編成をどのように図ったのか、そのプロセスにも注目してください。

育成を目指す「資質・能力」を明確にしたこと、さらに教科等横断的な視点から、社会科の学習と総合的な学習の時間を関連させることで、「活用・発揮」の頻度が上がり、子どもたちの学びがより確かなものとなる様子を見ていきましょう。

思考ツールを活用した関連的な指導法も参考になると思います。

持続可能な社会の創り手に求められる「資質・能力」の育成

柏市立柏第七小学校　平松正裕

学習指導要領の前文には、育成を目指す姿として、「持続可能な社会の創り手」が明記されています。また、中教審の答申にも以下のように記してあります。

「世界とその中における我が国を広く相互的な視野で捉えながら、社会の中で自ら問題を発見し解決していくことができるようにしていくことも重要となる。国際的に共有されている持続可能な開発目標（ＳＤＧｓ）なども踏まえつつ、自然環境や資源の有限性、貧困、イノベーションなど、地域や地球規模の諸課題について、子供一人一人が自らの課題として考え、持続可能な社会づくりにつなげていく力を育んでいくことが求められる。」

（幼稚園、小学校、中学校、高等学校及び特別支援学校の学習指導要領等の改善及び必要な方策等について（答申）中教審第１９７号）

２００２年、日本はＥＳＤ（持続可能な発展のための教育）を提唱しました。

国立教育政策研究所は、持続可能な社会に求められる「資質・能力」として６つの構成概念と７つの能力・態度に整理しています（左図）。

６つの構成概念

上位概念＼視点	①多種多様な要素からなる視点	②互いに作用し合う視点	③ある方向へ変化している視点
【１】人を取り巻く環境（自然・文化・社会・経済）に関する概念	「多様性」	「相互性」	「有限性」
【２】人（集団・地域・国など）の意思や行動に関する概念	「公平性」	「連携性」	「責任性」

「学校における持続可能な発展のための教育(ESD)に関する研究［最終報告書］」平成24年　国立教育政策研究所

７つの能力・態度

①批判的に考える力
②未来像を予測して計画を立てる力
③多面的・総合的に考える力
④コミュニケーションを行う力
⑤他者と協力する態度
⑥つながりを尊重する態度
⑦進んで参加する態度

ESDの６つの構成概念・７つの能力・態度及びＳＤＧｓと三つの柱の関係性

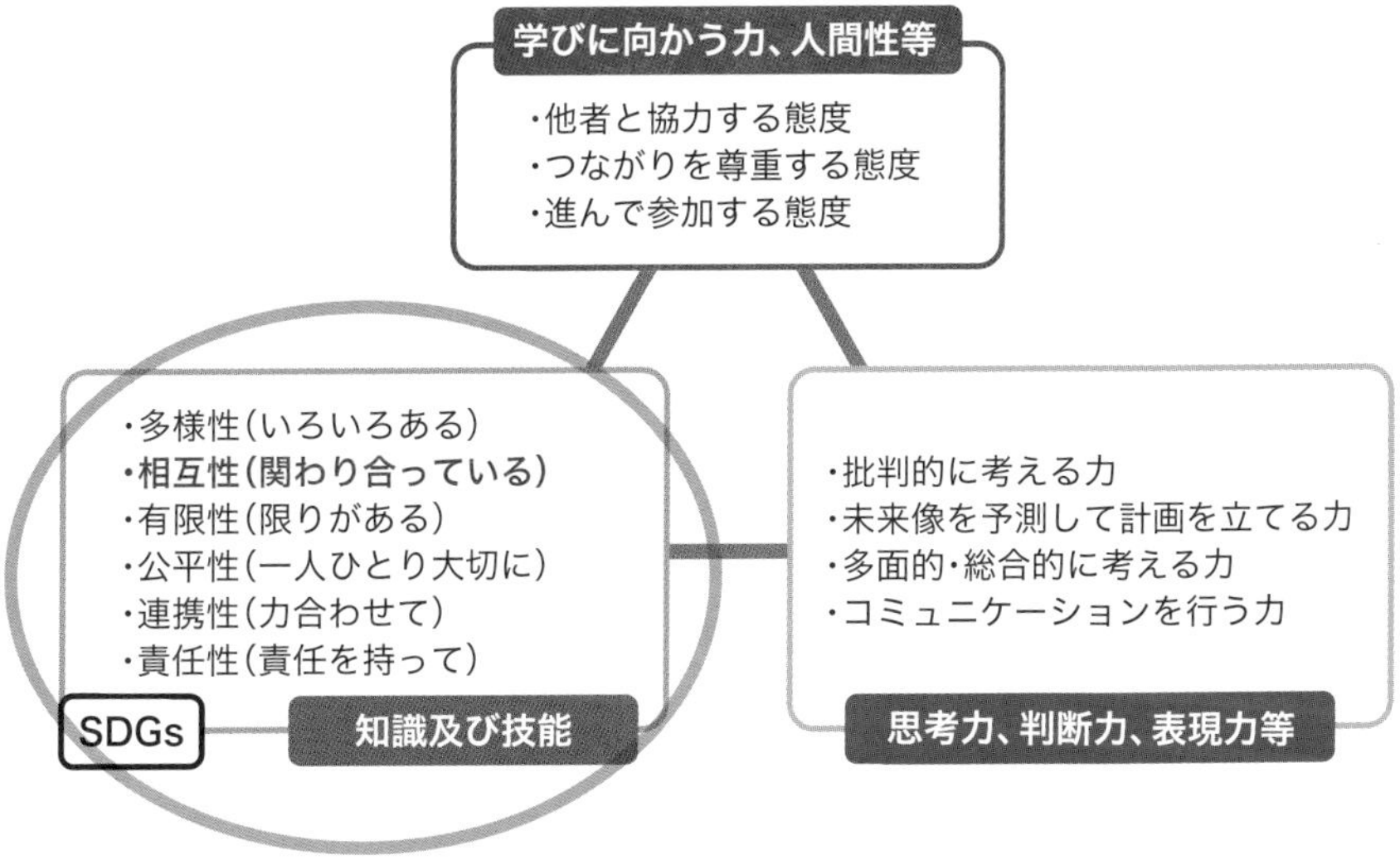

学習指導要領では、育成を目指す「資質・能力」として「知識及び技能」「思考力、判断力、表現力等」「学びに向かう力、人間性等」と整理されています。そこで、「6つの構成概念」を「知識及び技能」と捉えた上で教科等横断的な知識を形成することに焦点化して実践することにしました（前ページ）。

ＥＳＤは、学習指導要領に示された「資質・能力」の三つの柱を子どもたちが身に付けることによって、持続可能な社会の創り手となることが重要であり、その結果ＳＤＧｓの実現に向かうと言えます。総合的な学習の時間で形成を目指す概念的な知識は、多様性、相互性、有限性、公平性、連携性、責任性の6つで位置付けることも考えられるとされています。そこで、前任校・松戸市立北部小学校の実践では、相互性に関する概念的な知識の形成を目指すことにしました。

なお、この実践研究では事前調査と事後調査を実施しました。総合的な学習の時間に関する事前の調査から、子どもは、各教科の学びを「活用・発揮」したり、情報を結び付けて考えたりすることが十分にできていないことが明らかになっていました。

実践の紹介

ア 本校で育成を目指す「資質・能力」を三つの柱で整理

テーマである「持続可能な社会の創り手に求められる『資質・能力』」とは何かを明確に示す必要があります。これはカリキュラム・デザインの縦の話ですので詳細は省きますが、学校の教育目標である「心身ともにたくましく志を持って未来を拓く北部の子」の実現を見据えて、「知識や技能を獲得する力」を「様々な知識や情報を関連付けて獲得する力」と定義し、この「資質・能力」の育成を焦点化した実践を行うこととしました。総合的な学習の時間において、社会科で学習した知識を関連付けて概念的な知識を形成していくことを目指していきます。これらの「資質・能力」を育成することにより、本校の教育目標の実現につながると考えました。そこで、社会科との教科等横断的な指導の関係が明確になるように、年間指導計画を一枚にまとめた単元配列表を作成しました（下図）。本実

年間指導計画　5年

コミュニケーシ　相互性

月	4月	5月	6月	7月	9月	10月	11月	12月											
社会	わたしたちの	世界の中の国土	国土の地形の特色	低い土地のくらし/高い土地のくら	国土の気候の特色	あたたかい土地のくらし/	わたしたちの	くらしを支える食料生産	米づくりのさかんな地域	水産業のさかんな地域	これからの食料生産とわたしたち	わたしたちの	くらしを支える工	自動車をつくる工業	工業生産を支える輸送と貿易	これからの工業生産とわたしたち	情報化した社	情報産業とわたしたちのくらし	情報を生かす産業
算数	[illegible]	1 整数と小数	2 直方体や立方体の体積	3 比例	4 小数のかけ算	5 小数のわり算	小数の倍	どんな計算に	6 合同な図形	7 図形の角	8 偶数と奇数，倍数と約数	9 分数と小数，整数の関係	考える力の	[illegible]	10 分数のたし算とひき算	11 平均	12 単位量あたりの大きさ	13 四角形と三角形の面積	14 割合	15 帯グラ 円グラ
理科	1 天気と情報（1） 天気の変化	2 生命のつながり（1） 植物の発芽と成長	3 生命のつながり（2） メダカのたんじょう	4 天気と情報（2） 台風	自由研究	5 生命のつながり（3） 植物の実や種子のでき方	6 流れる水のはたらきと土地の変化	7 もののとけ方	8 ふりこの動き										
総合	ゴーゴー手賀の丘公園	来て！観て！戸定邸																	
音楽	巻頭	1 歌声をひびかせて心をつなげよう	2 音の重なりを感じ取ろう	3 いろいろな音色を感じ取ろう	4 和音の移り変わりを感じ取ろう	5 曲想の変化を感じ取ろう	6 詩と音楽の関わりを味わおう	7 日本の音楽に親しもう											
図工	季節を感じて	みんなでたのしく、「はい	形を集めて	糸のこの寄り道散歩	同じもの、たくさん	動きの不思議	わたしのおすすめ	見つけて！ワイヤードリーム/コロがるくんの旅	あったらいい町、どんな町	地球は大きなキャ	比べてみよう	進め！ローラー大ぼうけ							

践では、社会科「あたたかい土地のくらし」の学習を総合的な学習の時間において、「活用・発揮」できるようにします。この線は、「知識及び技能」同士の関係で結び付けています。

具体的には、育成を目指す概念的知識である「相互性」を位置付けることとしました。単元配列表を作成することで、重点単元と関連単元が明確になり、育成を目指す「資質・能力」のつながりがわかります。

イ 総合的な学習の時間と社会科における関連的な指導

社会科と総合的な学習の時間で形成される概念的な知識がどのような関係にあるのかを図式化しました（図ＡＢＣ）。

A 第５学年社会科学習指導要領内容(１)ア(イ)における相互性に関する概念的知識の獲得

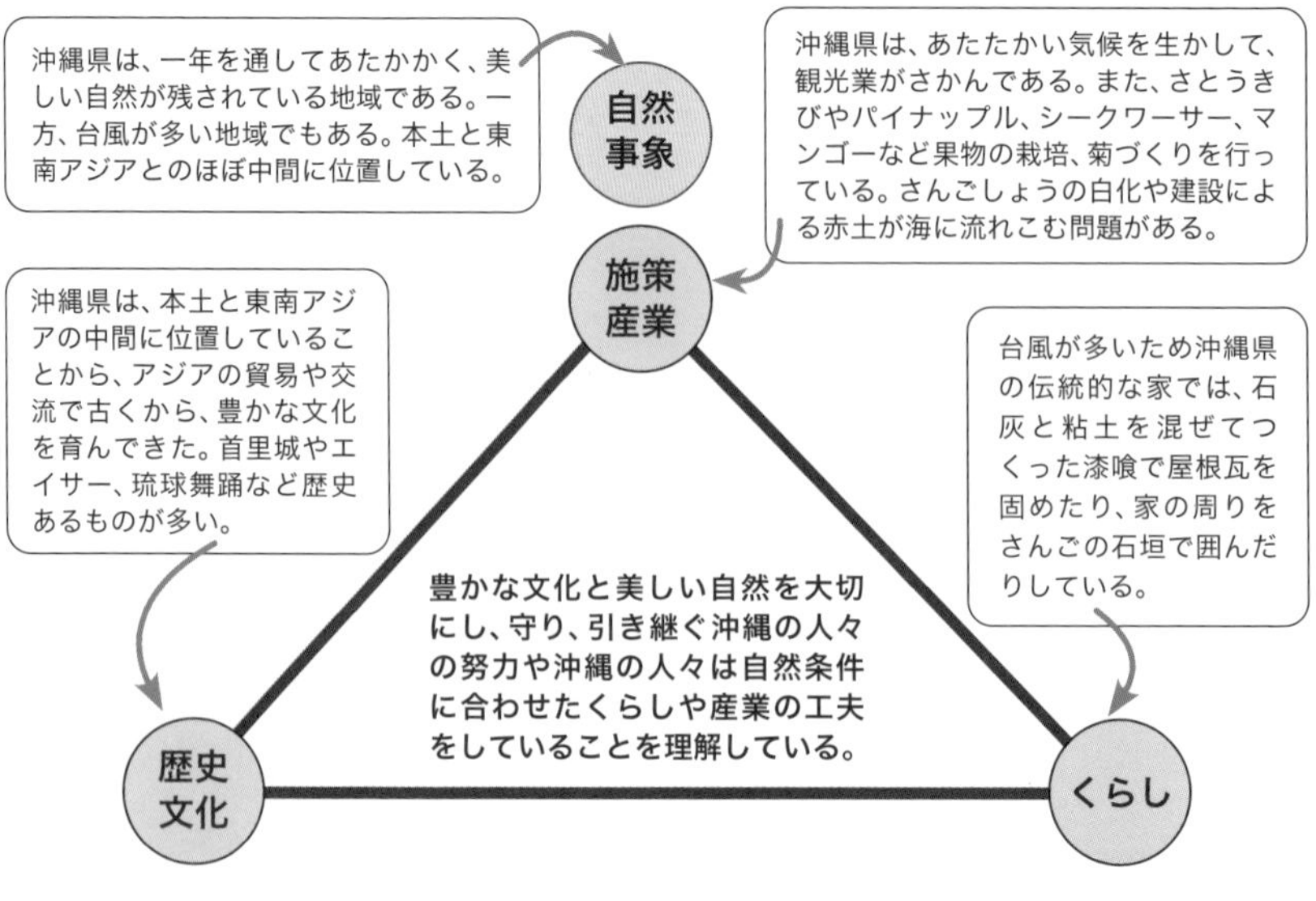

B 総合的な学習の時間におけるESDの相互性に関する概念的知識の獲得

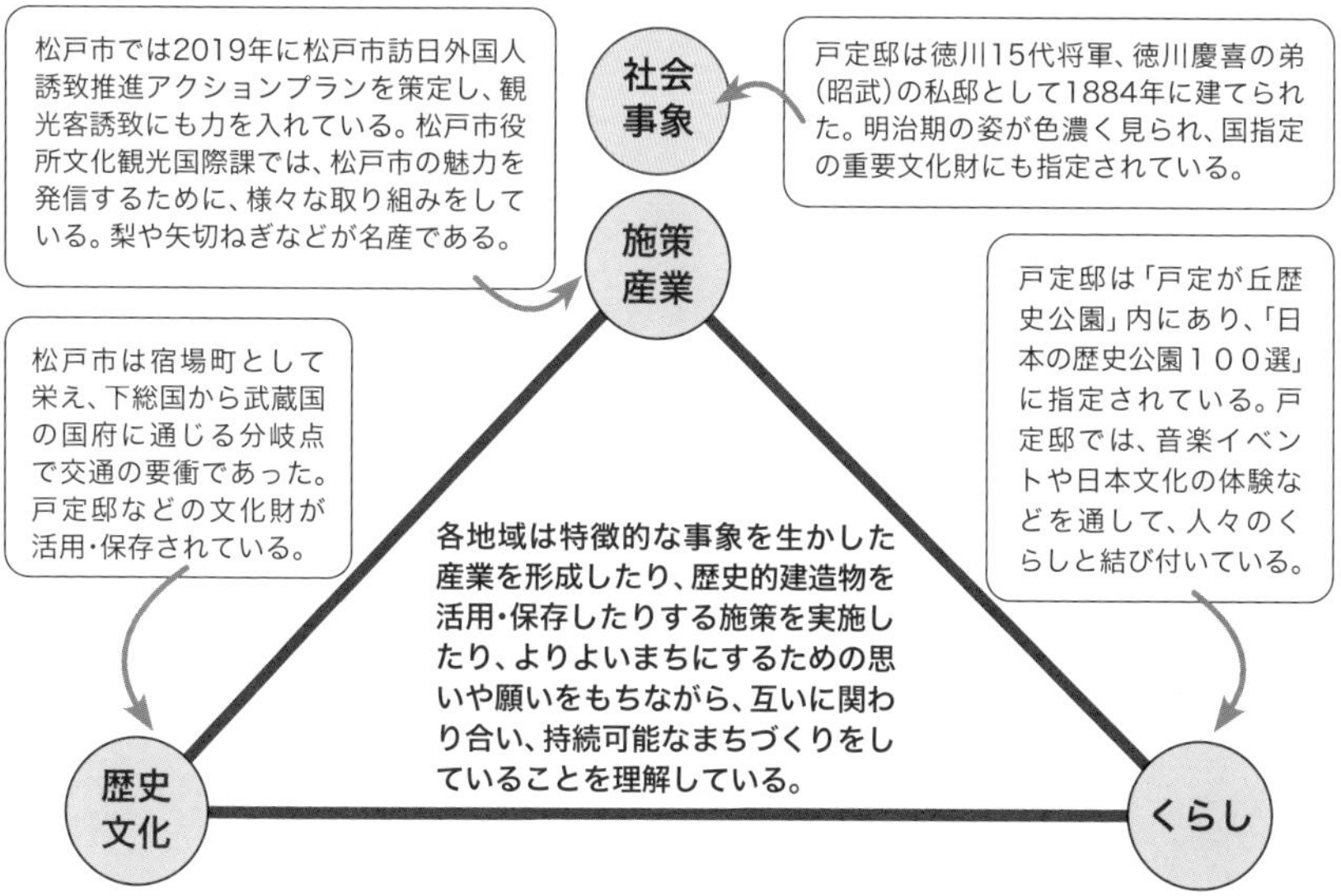

C 教科等横断的な指導によるESDの相互性に関する概念的知識の獲得

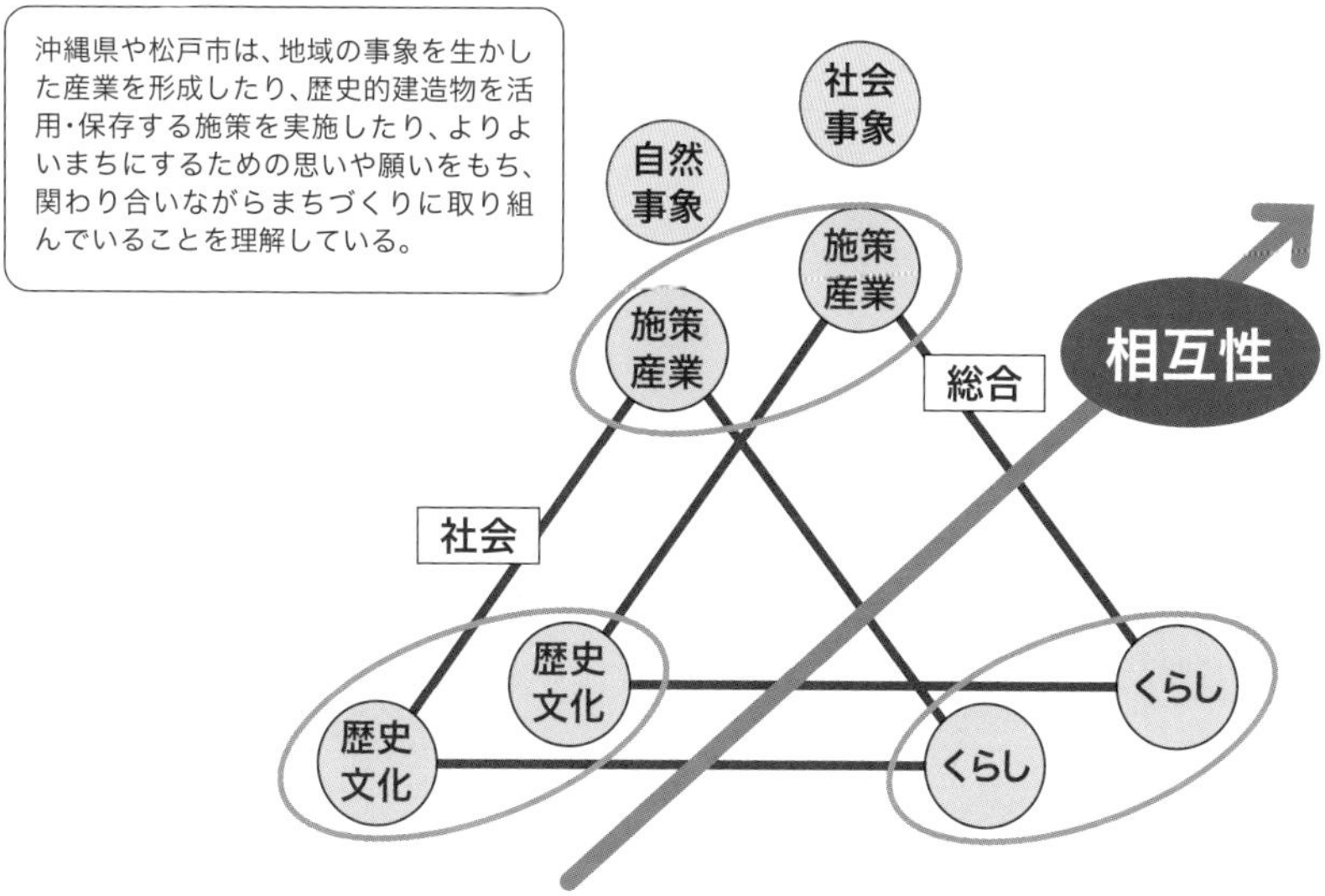

実践では、先に記したように、ＥＳＤの６つの構成概念の一つである相互性（関わり合っている）の概念的知識の形成をねらいとしています。Ａ～Ｃの三つの図は、子どもが形成を目指す概念的知識をモデル化したもので、Ａが社会科で形成される概念的知識で沖縄の自然事象との関わりを表しています。Ｂの図は、総合的な学習の時間に形成される概念的知識で社会事象との関わりについて示した図です。Ｃの図は社会科と総合的な学習の時間で形成される概念的知識が「活用・発揮」されることにより、相互性に関する概念の認識が高まることを示しています。

このような形成を目指す概念的知識をモデル図に示し、言語化することで、どのような指導上の工夫が必要かを考えていきました。

５年生の社会科「あたたかい土地のくらし」では、沖縄県の産業や歴史、観光、課題について資料をもとに調べ、あたたかい気候を生かした産業や自然を生かした観光が営まれていることや開発による環境問題について学習します。沖縄の自然や産業などの社会との関わりで知識が概念化されていきます。こうした知識は、ＥＳＤに示された構成概念の相互性にあたると考えました。

総合的な学習の時間では、社会事象としての戸《と》定《じょう》邸《てい》との関わりが中心となります。戸定邸は、国の重要文化財で松戸市の観光地です。松戸市では、戸定邸の保存や観光地としての価値を高めるために、松戸市役所の観光課など様々な人が立場を超えて、相互に関わっています。

社会科では、沖縄の自然事象を中心に学び、総合的な学習の時間では地元の松戸市の社会事象である戸定邸との関わりを学ぶことで、関わり合うという「相互性」が一層概念化されると考えました。

ウ 実践例「来て！観て！戸定邸」

本単元はSDGsの11と17につながる学習と捉え、単元イメージを立てて実践を行いました（下図）。

社会科での学びを総合的な学習の時間でも「活用・

【単元名】来て！観て！戸定邸

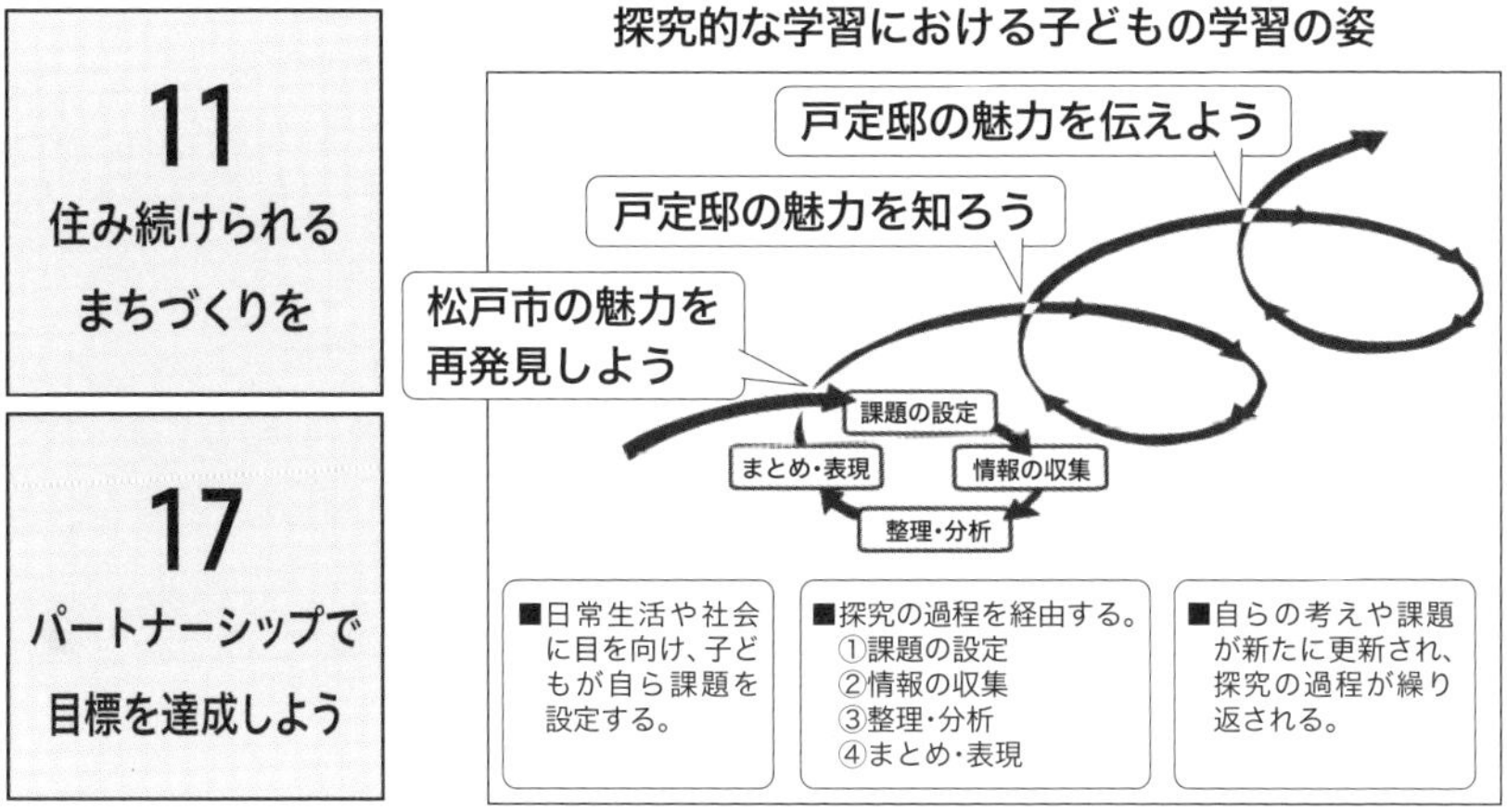

発揮」しながら、地域の魅力を観光振興の視点で捉え、魅力を発信し、持続可能なまちづくりについて考える単元構成としています。今回は、小単元①と小単元②を紹介します。

小単元①「松戸市の魅力を再発見しよう」

単元の導入では、沖縄県の特徴的な写真を掲示し、三つの視点（自然、産業・くらし、文化・歴史）のどの視点に位置付くかを話し合い、特色を構造化することをねらいとした授業を行いました。

全国観光スポットランキングから、沖縄県が人気であることがわかり、沖縄県の特色をYチャートに三つの視点でまとめていきました（下図）。子どもから、「自然を生かしているから、両方にあてはまる。だから、Yチャートの線の上になる」という意見が出たことをきっかけに、沖縄県は自然と関わりながら、産業やくらしが成り立っていることについて理解を深めていきました。

Yチャートを使った板書

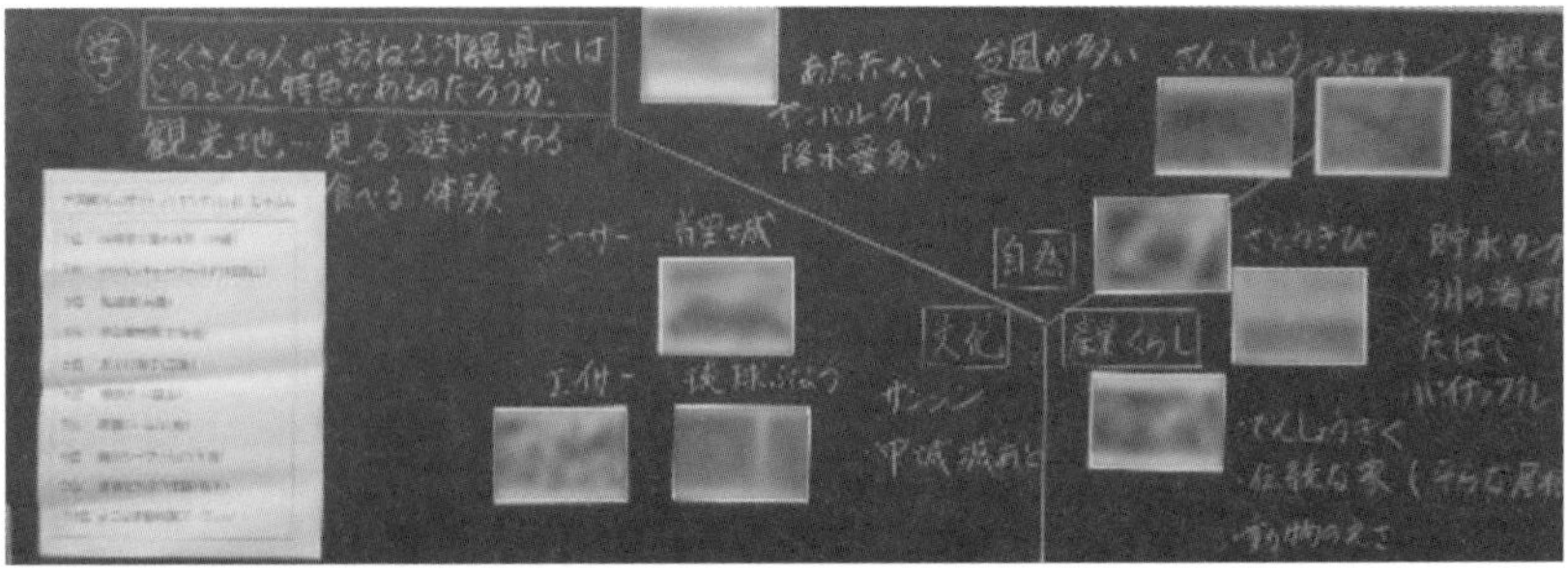

次に、松戸市の魅力について考え、訪日外国人推移の資料から観光客の変化を予想していきました。日本に来日した外国人に松戸市の認知度調査を行った資料から話し合いが進み、松戸市はあまり知られていないことが課題となりました。

松戸市の魅力を観光地の視点で捉え、KWLシートやウェビングマップに書き込んでまとめました（下図）。情報を収集する際に、自分たちだけではわからないことがあることや、もっと詳しくなるために、松戸市役所文化観光国際課にインタビューすることになりました。市役所の方へのインタビューを通して、「よりよいまちになってほしい」などの思いや願いにも触れる機会となりました。また、聞き取りの中で、学校の近くに、戸定邸や松戸神社があることがわかり、松戸市の観光地について学んだことをグループで話し合いながら、まとめていきました。

ウェビングマップで整理

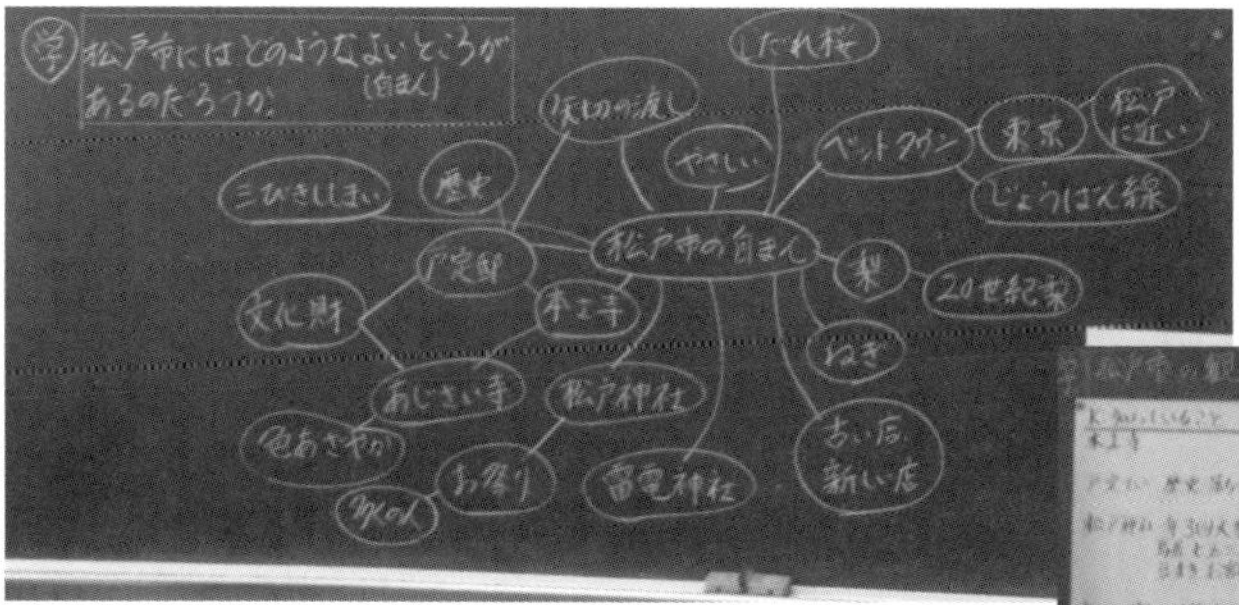

KWLシートも活用

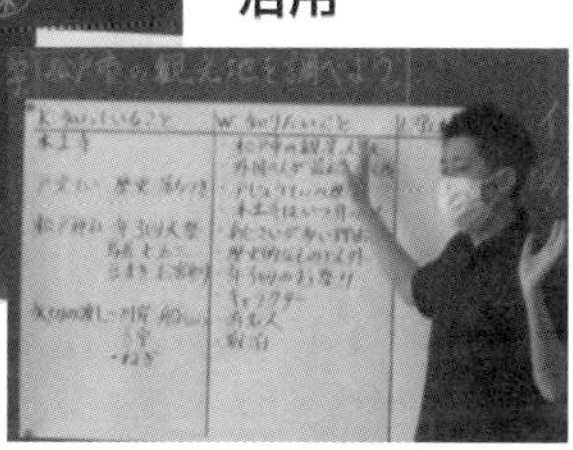

小単元②「戸定邸の魅力を知ろう」

戸定邸の見学では、文化財に対する理解を深め、次世代に受け継ぐ人々の思いや願いに触れました。

戸定邸の見学を踏まえて、松戸市の特色をYチャートに整理していきました。沖縄県の特色で学習したときと同じように、Yチャートに三つの視点で整理することで、松戸市の特色を構造化できると考えたからです（下図）。

実際にYチャートに整理していくと、自分たちのまちにも、特色を生かした産業があり、豊かな文化や歴史があることがわかりました。

子どもの概念的な知識の形成をねらって、

Yチャートに整理

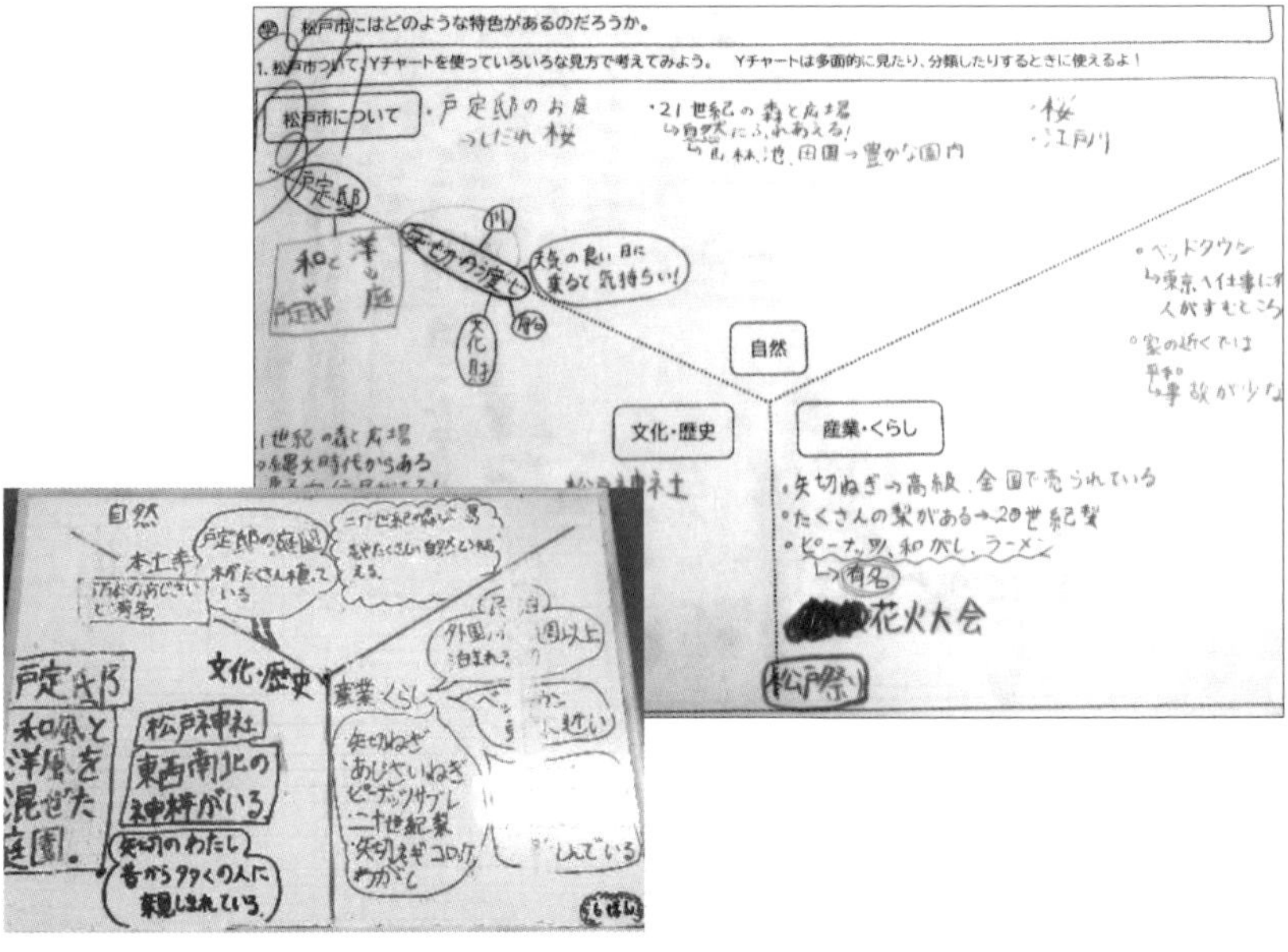

沖縄県と松戸市の地域の特色を比較する学習を行いました。これまで学習したことを整理することによって、相互性に関する概念的な知識が形成されると考えたからです。

Yチャートに沖縄県と松戸市の特色を整理したものを掲示した上で、ベン図を用いて比較しました（下図）。

グループで話し合いながら、相違点や共通点について考え、学級全体で話し合いを行います。共通点として地域固有の農作物や豊かな自然、文化・歴史を守り続けている人々の思いが挙げられました。

ベン図による比較

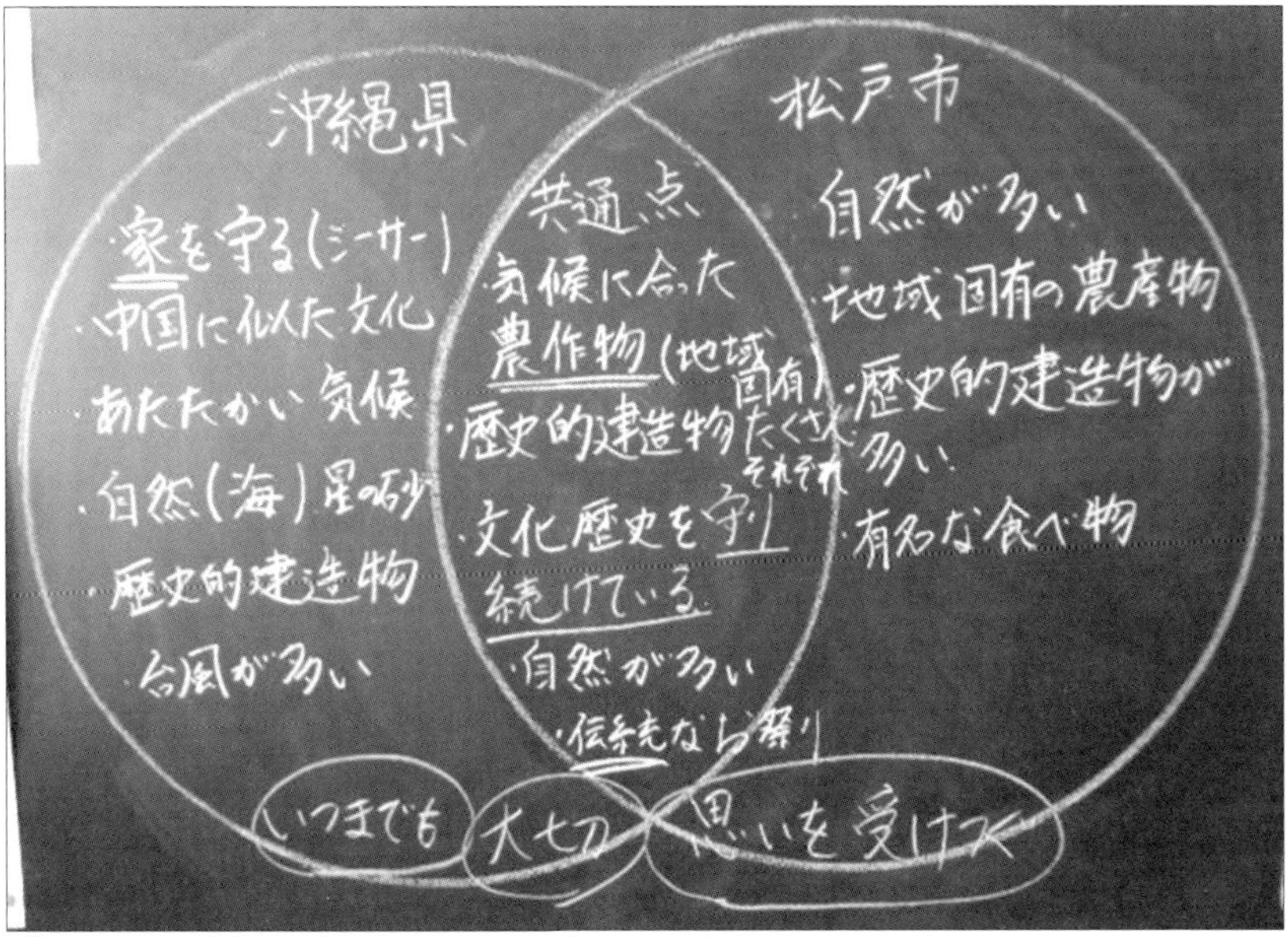

評価規準と子どもの振り返り

子どもが記した振り返りの文章を評価することで、期待する概念的知識が形成されているかを判断していきました（下図）。

A評価の子どもには、次の三つが記述されています。①それぞれの地域の特色があること②地域が違っても共通点があること③まちの魅力を伝え、歴史的建造物の保存・活用に携わる人々が存在し、その思いや願いがあることです。このことから、概念的な知識が形成されたと推察されました。

評価規準と子どもの振り返り

沖縄県や松戸市は、地域の事象を生かした産業を形成したり、歴史的建造物を活用・保存する施策を実施したり、よりよいまちにする思いや願いをもち、関わり合いながらまちづくりに取り組んでいることを理解している。（知識及び技能）

A児
ぼくは、今回の勉強をして、松戸市と沖縄県は、すごく離れているのにこんなに共通点があることがわかった。歴史的なものを守ってくれる人がいなかったら、こんなに共通点はないのだろうと思った。それには、守ろうとする人たちの気持ちがあってこそのことだなと思った。松戸市と沖縄県の特色以外にもどんな共通点があるのだろうなと思った。

B児
松戸市と沖縄県では、違うところもあるけれど、地域固有の農産物があったり、似ているところもあった。歴史的建造物を守ったり、松戸市のよさを知ってもらったり、そういうお仕事をしている人は、きっと「いつまでも残したい・大切にしていきたい・思いを受け継いでいってほしい」そういう思いでお仕事をしていると思います。私も歴史的建造物を大切にしたり、外国の人に松戸市のよさを知ってほしいと思う。

A児の各時間の振り返りを時系列で並べてみました（下図）。

2時間目の学習では、自然事象を生かした様々な関わりに気付いていることが見取れます。また、学習を進めていき松戸市の特色、とりわけ戸定邸に関する様々な知識や携わってきた人々の思いや願いにも気付いていると推察されます。

A児の各時間の振り返り

2時間目	沖縄県の学習では、沖縄県は自然を大事にし、自然を生かしていた。沖縄県ならではの文化やくらしがあるから沖縄県なんだと思った。
3時間目	松戸市には歴史や文化がつまったいろいろな場所があった。また、松戸市はだいたい新しくできたことに関心が行きがちだが、古い文化も新しい文化と同じくらいあるんだと思った。みんな松戸市の文化や歴史を知っていて、ぼくももっと知識を深めたいと思った。
6～7時間目	松戸市では、市民が喜んでくれるためにいろいろなことを工夫し、お金をかけてくれることがわかった。松戸市が市民にしてくれることがわかった。教えてくれたことをもとにその場所に行ったときに意識して観光したい。松戸市は松戸市の人がいるからこそ成り立っていると思った。
9～10時間目	戸定邸は国の重要文化財で、どこかの壁が壊れたり、庭の木や植物が枯れたりすると、松戸市から千葉県、千葉県から国へと精密で非常に大切な修理をしなければならないことがわかった。戸定邸の中から江戸川の方向を見ると、現代と昔の歴史が両方見られておもしろかった。戸定邸をもっとたくさんの人に知ってもらい戸定邸がこの先百年くらい続いてほしい。
11時間目	松戸市の特色は、花・木・果物・野菜の自然を生かしたものや場所がたくさんあった。前まで詳しくまとめたことを今回大きくまとめたのでたくさんの松戸のことが知れた。次は、コロナが終息したら松戸市の行事に積極的に参加したい。松戸市は有名なところが数多くあるが全国的に有名になってほしい。
12時間目	松戸市と沖縄県には、どこまでも守り続けていかなくてはならない伝統的な文化や自然があった。違う地域に松戸市と沖縄県があっても共通点があると思うと、地域が違っても日本だと共通点が自然にできてしまうのかなと思った。松戸市と沖縄県の共通点を見つけるのが楽しかった。

このようなことは、自分たちのまちだけでなく、他の地域でも見られると質の高い知識へと変わっていることが見取れます。

学習後の振り返りには、「社会科で学習したときの考えを使ったら、問題が解けた」と記述する子どもも数名おり、実際に学ぶ姿からも「活用・発揮」している様子が見られました（下図）。

授業においては、思考ツールを活用しながら比較・関連するような思考を深める授業場面を設定しました。そのことで比較・関連して考える力が身に付いたと考えられます。

学習後の振り返り

> 最初は、沖縄県や松戸市にあまり興味をもてなかったけど、この勉強でポスターをつくったりしたら松戸市に興味をもてました。これからは、松戸市などを大切にしたい気持ちがもてました。違う県にもたくさんの興味をもちたいと思いました。いろいろなポスター、動画などをつくるとき、いろいろな人と関わってこのことができてうれしかったです。自分が大人になってもこの経験を生かして、いろいろな人と関わって外国とのキズナ、交流を深めていきたいと思いました。（後略）

> 私は、前に戸定邸について調べる前は、松戸の魅力やいい所について、はっきり「ここです！」とも言えなく、あったとしても詳しくは知りませんでした。けれど、松戸について、戸定邸について調べて、松戸市の自慢がたくさんわかるようになりました。（中略）総合の授業が終わっても、戸定邸だけでなく、松戸神社・本土寺についても調べてみたいです。
> 今まで関わってきた人たちに支えてもらったおかげで、戸定邸の勉強・発表ができたので感謝の気持ちを伝えたいと思います。そして、みんなで協力して頑張ったポスターをたくさんの人たちに見てほしいです。そして、松戸市・戸定邸のことをたくさんの人が知ってくれたら、とてもうれしいです。

「松戸市を大切にしていきたい。自分が大人になってもこの経験を生かして、いろいろな人と関わりたい」とこれまでの学習を振り返りながら、達成感や充実感をもち、学びを今後に生かしていこうとする姿が見られました。

子どもたちの作成したポスター

★ 田村はこうみる

★〈ポイント1〉ＳＤＧｓを実現する好事例

　ＥＳＤの６つの概念が各教科でどのように実現するのか、社会科で学んだ概念が総合的な学習の時間でより確かなものになっていくという、意図的に構成された優れた実践です。ＥＳＤやＳＤＧｓに、全国のいろいろな学校が取り組んでいるわけですが、「資質・能力」の三つの柱の水準で丁寧に整理し、各教科等間の関連によって教育課程上で確かにＳＤＧｓを実現する取り組みは、まだまだ少ないと思います。その意味でも、ＳＤＧｓにチャレンジしている学校には、北部小学校の実践の水準でのＳＤＧｓの取り組みをぜひやってほしいと思う好事例と考えています。

★〈ポイント2〉子どもたちの活動が魅力的

　今回の実践は社会科と総合的な学習の時間ですが、似たようなイメージを理科と総合的な学習の時間でつなげることもできます。場合によっては教科と教科をつなぐことも考えられると思いますが、総合的な学習の時間との関連で考えていくことが実現の可能性を高め、多くの方にとっても取り組みやすいものとなるでしょう。

　実際の学習場面では、子どもたちが生き生きと学び、学習活動を発展させている姿も見られ、活動が魅力的なものであったと感じています。

★〈ポイント3〉同じ思考ツールを効果的に活用している

社会科の沖縄県の特色についての学習でYチャートを使い、自然、産業・くらし、文化・歴史の3視点から考える授業を行いました。その後、総合的な学習の時間で自身のまち、松戸市の特色を同じ三つの視点のYチャートを使って考え、概念的な知識の形成につなげています。このように身に付けた知識を活用すること、そのために思考ツールを効果的に利用すること、その中で、子どもの概念が形成されていく過程を知ることのできる実践です。カリキュラム・デザインの横展開を意識することで、各教科の「資質・能力」が「活用・発揮」される状況を整えることができると考えています。

田村先生！思考ツールについて教えて！

ここまで紹介してきた実践には、さまざまな思考ツールが使われていました。比べたり分類したりして考えるためのベン図、統合して考えるためのピラミッドチャート、関連付けて考えるためのウェビングマップ…。これらの思考ツールは、学習者としての子どもの情報処理が期待する方向に向かうようなフレーム、枠組みとなっています。

主な思考ツールについて、まとめておきますので、参考にしてください。

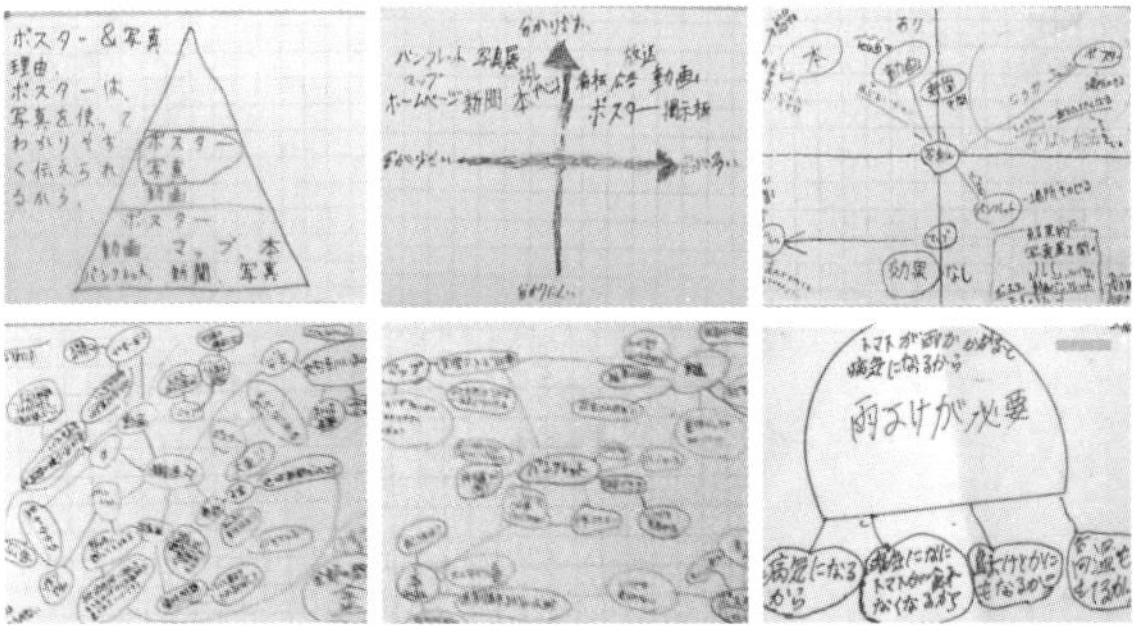

座標軸

縦軸・横軸に比較する視点を書き、取り組み内容に応じて座標軸のどこに位置付くかを考えていく。

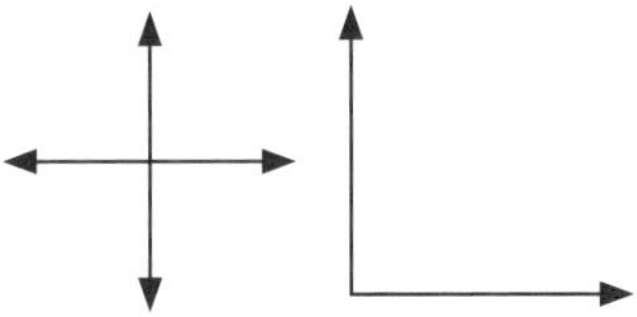

視点を明確化し、位置付けすることで比較するときに有効。

ベン図

２つのものを比較・分類する。重なりには共通点を書き、相違点を明らかにしていく。円を増やし、分類にも利用できる。

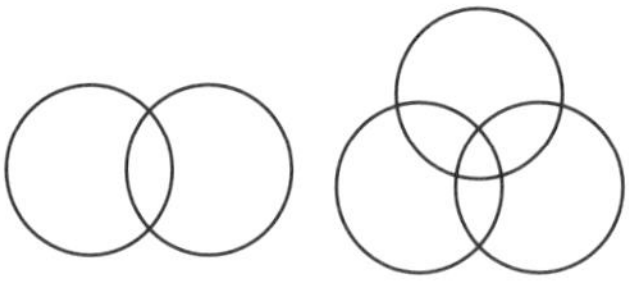

異なる対象を比べて考えたり、対象の特徴を分類して考えたりするときに有効。

ウェビングマップ

中心にトピックやテーマを書き、それに関連するものを連想して広げていく。

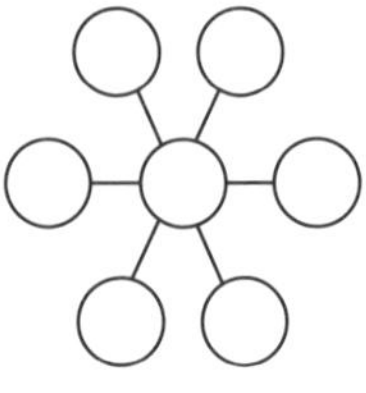

思考を拡散させ、関連付けて考えるときに有効。

思考ツールを用いた学習活動では、自ら学び、共に学ぶ子どもの姿が生まれやすい。その理由の一つは、情報の可視化にあります。思考ツールを使うと、処理する情報「粒」と情報処理の方向「組み立て方」、その結果として成果物「塊」がよく見えます。この「粒」「組み立て方」「塊」がよく見えること、つまり可視化されていることが子どもの学習活動や思考の活性化を生み出します。

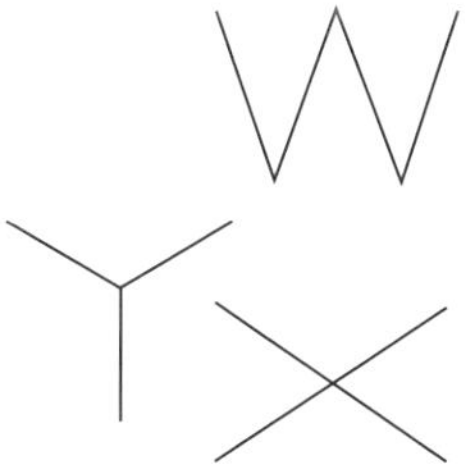

Y・X・Wチャート

テーマについての考えを多く書き出し、視点に沿って考えの仲間分けをする。

視点を明確にして分類。意見や思考を整理するときに有効。

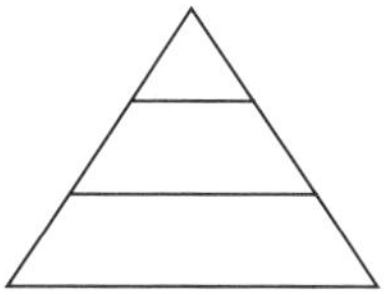

視点を明確にして分類。意見や思考を整理するときに有効。

ピラミッドチャート

アイディアや考えの根拠となる情報を下の段に書き、そこから上に向かって練り上げていく。一番上に主張を書き、下に向かって意見や根拠を整理することもできる。

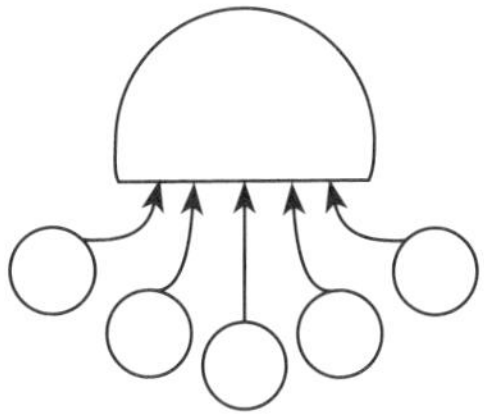

クラゲチャート

クラゲの胴体に結論や主張したいことを書き、その根拠となることをクラゲの足に書いていく。

思考を整理し、理由や根拠を考えるときに有効。

K	W	L
What I know 知っていること	What I want to know 知りたいこと	What I learned 学んだこと

P Plus	M Minus	I interesting
プラス いいところ	マイナス ダメなところ	インテレスティング おもしろいところ

KWL・PMIシート

「知っていること、知りたいこと、学んだこと」「プラス、マイナス、おもしろいこと」を書き出していく。

多面的・多角的に見るときに有効。

4 カリキュラム・デザインの横
我孫子市立新木小学校の実践から考える

キーワード
「資質・能力」の「活用・発揮」

カリキュラム・デザインの横を考えるとは、教育の内容を組織的に配列し、単元間や教科間の「活用・発揮」を生み出すことです。逆に言えば、「活用・発揮」を促す「単元配列表」を描くには、教科間の関連の明確化、教科の重点化が必須だということです。

教科等間の関連を考え、教科等横断的な指導を充実させるには、「資質・能力」の三つの柱「知識及び技能」「思考力、判断力、表現力等」「学びに向かう力、人間性等」で結ぶことが大事です。

「資質・能力」の関連を明確にしなければ、各教科で育成した「資質・能力」を、総合的な学習の時間において「活用・発揮」することはできません。言い換えれば、「資質・能力」の関連を明確にできれば、単元や1単位時間においても、教師が自覚して単元づくり・授業づくりができ、意図的に各教科で育成した「資質・能力」を「活用・発揮」する場面が設定できることになります。

先に紹介した平松さんの実践は「知識及び技能」の関連でしたが、我孫子市立新木小学校の実践は「思考力、判断力、表現力等」の関連と言うことになります。「思考力、判断力、表現力等」の関連では、場面、状況を変えた思考スキルの活用が一つの具体的なイメージになります。例えば、算数科で交通量のデータを比較する学習をしたとします。それを総合的な学習の時間において、市場価格や販売価格を決定する場面において「活用・発揮」することを想像するとよいでしょう。異なる対象や場面を変えても同じスキルが使われていくというイメージです。

「教科関連」「教科等横断」と簡単にひとことで言いますが、その実際はかなり曖昧です。それを具体的に示している好ましい事例です。どのようにして関連を図るのか、意図的に関連を図ると効果的なのかを検証していますので、各学校での実践や単元計画作成の参考になるでしょう。思考ツールの使い方や振り返りの視点の明示といった授業改善のための手立てもヒントになるでしょう。

総合的な学習の時間を中核としたカリキュラム・デザイン

我孫子市立根戸小学校　杉本一生

これまでも教科等間の関連は行われていました。社会科で食料生産を学んだから総合的な学習の時間で地域の食について調べてみる、国語科のポスターづくりを総合的な学習の時間でもポスターで表現するというように、その関連や横断については多様で、バラバラの状況であることが多かったと思います。前任校・我孫子市立新木小学校で捉えていた関連も、「資質・能力」での関連にはなっていませんでした。

教科等横断的な関連とは

教科等横断でポイントにすべきは「資質・能力」での関連です。「資質・能力」の関連を明確にしなければ、各教科で育成した「資質・能力」を、総合的な学習の時間において「活用・発揮」することはできません。

一方、「資質・能力」の関連を明確にできれば、単元や1単位時間において、教師が自覚して、単元づくり・授業づくりができ、意図的に各教科で育成した「資質・能力」を「活用・発揮」する場面を設定することができることになります。

「資質・能力」の関連を明確に（学習指導要領で押さえる）

「思考力、判断力、表現力等」の関連では、思考スキルに着目しました。思考スキルは、比較する、関係付けるなど「考える」をよりわかりやすくしたものです。各教科の学習指導要領解説にも思考スキルは記載されており、総合的な学習の時間の学習指導要領や解説では、「考えるための技法」として記載されています。

思考スキルの活用こそ、「思考力、判断力、表現力等」の育成につながります。また、各教科等に共通しているため、教科等間の関連によって、場面、状況を変えた思考スキルの活用が実現できると考えました。

例えば、算数で交通量のデータを比較して考える学習をしたとします。総合的な学習の時間では、市場価格や販売価格を比較し決定するといったことが行われます。こうして異なる対象や場面を変えても使われていくというイメージです（p118下図）。

実践の紹介

ア 総合的な学習の時間と算数科における関連的指導

本実践は、前任校・我孫子市立新木小学校の6年生での実践です。子どもたちは、地域の農家の人や市の農政課の協力を得て栽培したトマトを、市の特産品の一つである白樺派のカレーのルーにトマトジャムとして入れ、オリジナル味のレトルトカレーをつくり販売することにチャレンジしました。そして、オリジナルカレーの売り上げを我孫子市や学区である新木地区の福祉事業に活用していくという学習を行いました（左図）。

「思考力、判断力、表現力等」での関連

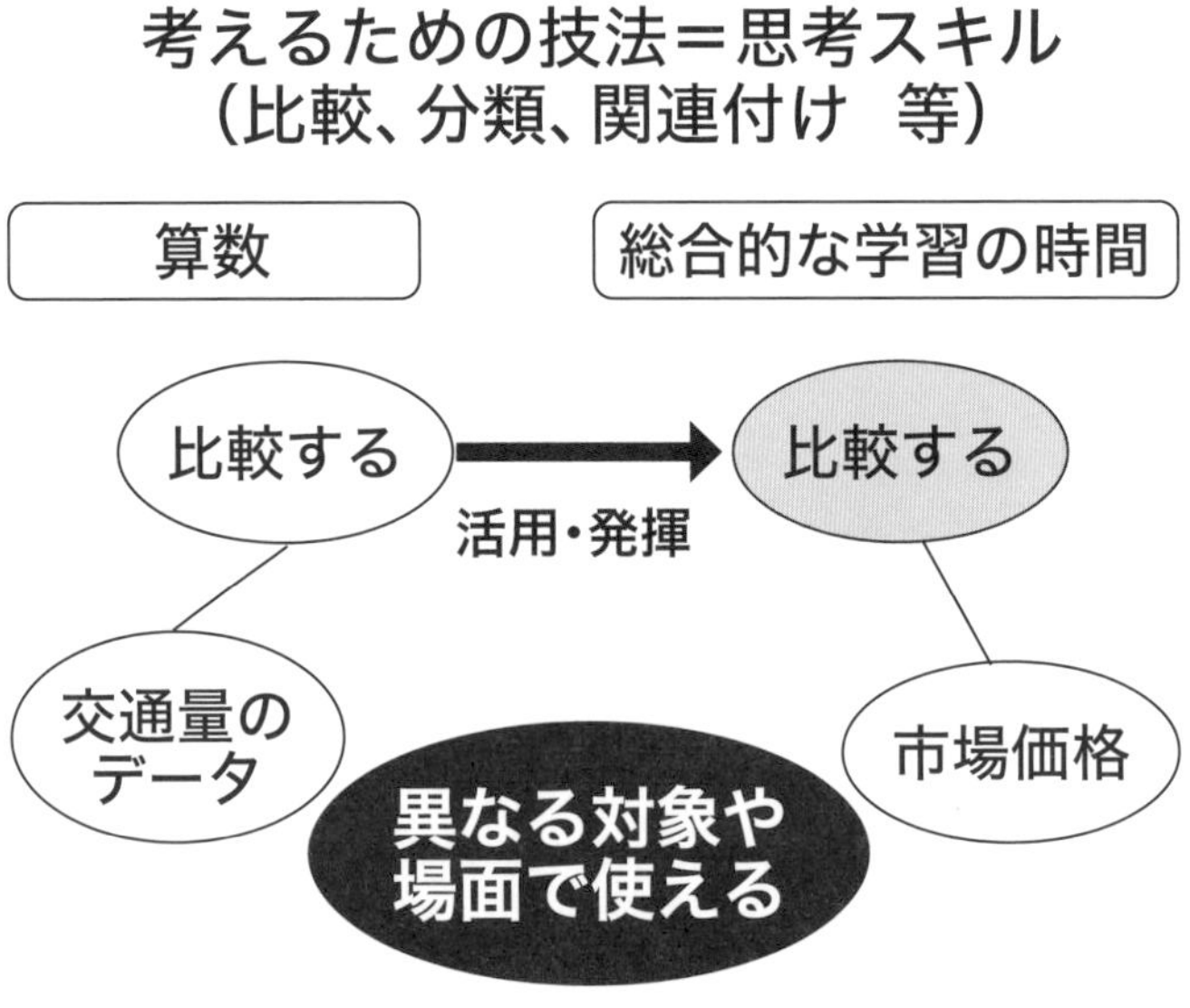

教科等横断的な関連の授業は、地域の人たちにレトルトカレーを販売するために、レトルトカレーの利益分を考えながら、販売価格を設定する場面です。

カレーの販売価格を決める際には、適当に決めるわけにはいきません。レトルトカレーの製造にかかった金額、ご当地カレーの市場価格などを参考にしながら、利益分も検討し、妥当性のある価格決めをする必要があります。そこで、算数科のデータの活用に着目しました。

算数科の学習指導要領では、データの活用の部分は次のように書かれています。

「目的に応じてデータを集めて分類整理し、データの特徴や傾向に着目し、代表

単元の概要　6年生　「我孫食プロジェクト」

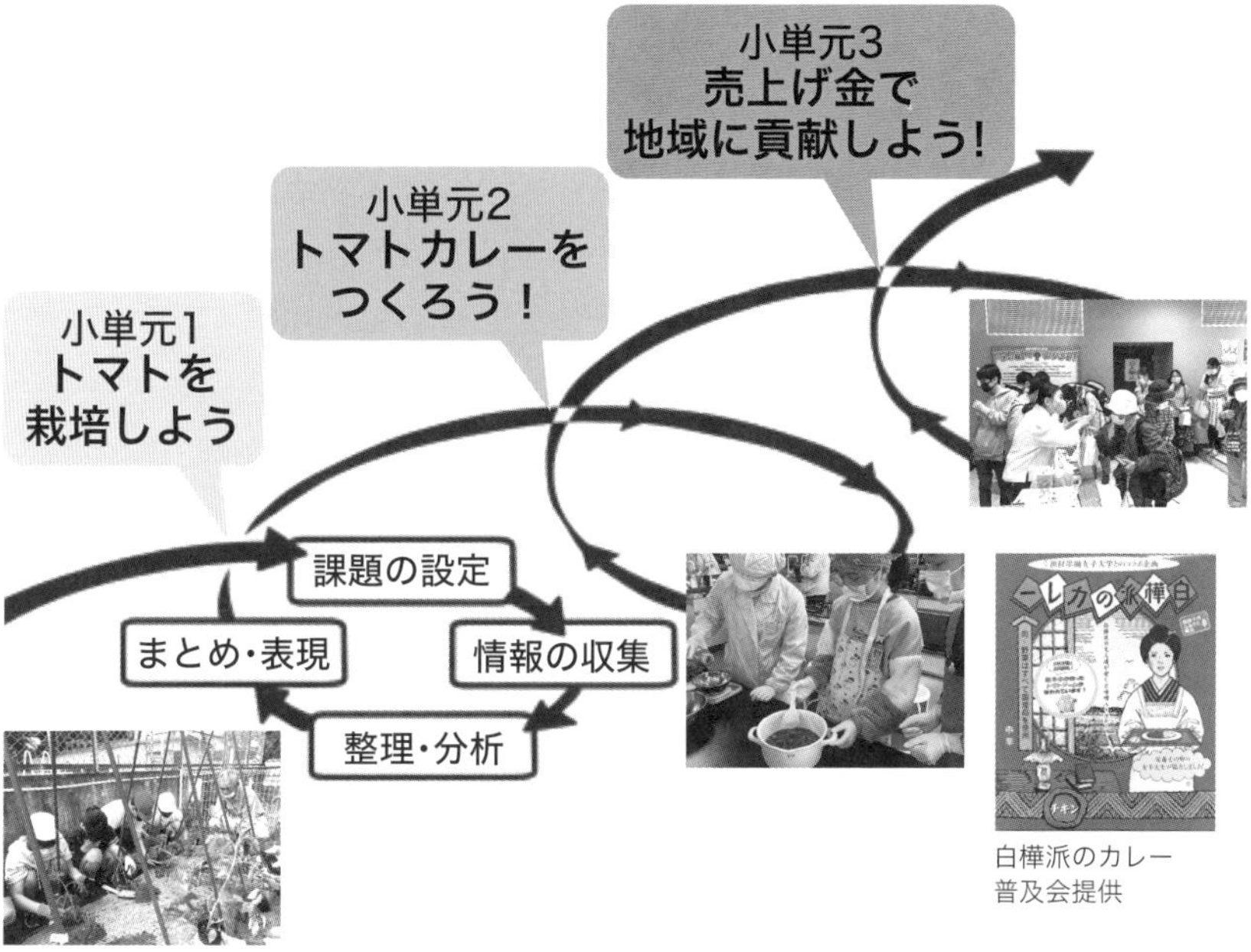

白樺派のカレー
普及会提供

値などを用いて問題の結論について判断するとともに、その妥当性について批判的に考察すること。」

（小学校学習指導要領解説　算数編）

イ　実践例（データの活用と価格決定）

算数科のデータの活用で使用したドットプロットを活用しました。算数科の授業と同様のドットプロットを活用することで、子どもが考える価格と市場価格等を代表値で比較し、その傾向を捉え、妥当性について考えるという「資質・能力」が「活用・発揮」されると考えました（下図）。

授業のはじめ、原価380円に利益分をいくら上乗せして販売価格とするかについて、子どもたちは「買ってくれる消費者のことを考えて安くした方がいい」、一方、「地域の福祉事業に活用していくためのお金を得るためには、利益分を高めに乗せて価格を高くした方がいい」、「市場価格の相場くらいが適当。それ以上は高くしない方がいい」という意見に分

手立て　ドットプロットの活用

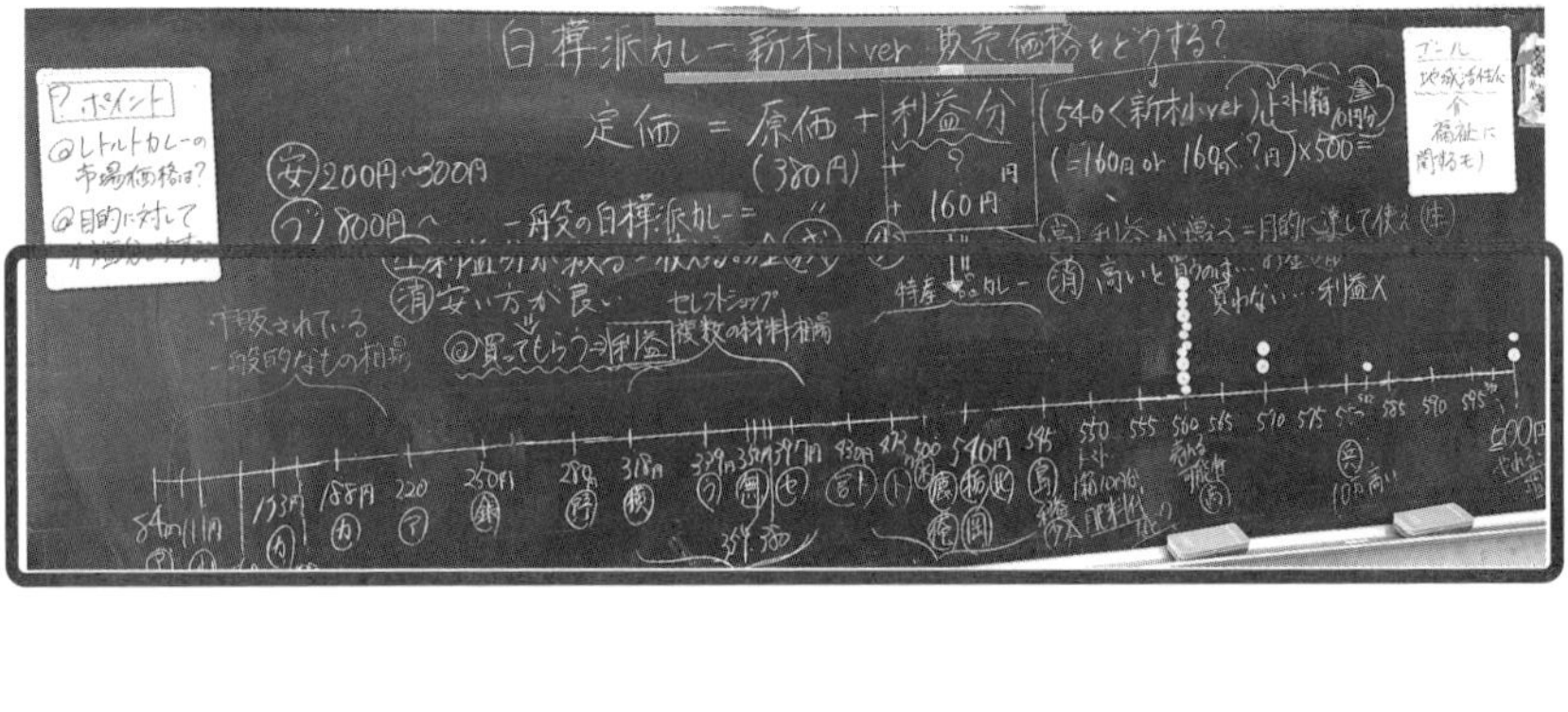

かれていました（下図）。

価格の決定に関する1時間目の議論では、少しでも自分たちの目的である福祉事業へ活用していくお金を増やしたいと「利益分を多く上乗せして販売価格を高く設定しよう」と考える子どもが多くいました。

高い価格帯で議論が進み、そのデータを比較し、最頻値で決定しようとする流れとなりました。しかし、高い値段で売りたい思いは全員に共通しているものの、「消費者の立場を考えなくてはいけない」、「全国の市町村が販売している特産品のご当地カレーの市場価格とはズレがある」といった意見や、「原価は製造にかかった費用のため、トマト栽培にかかった費用も合わせて考える必要がある」などの意見も出て決着はつきませんでした。

子どもは、総合的な学習の時間の学習を通して収集していた特産品のご当地カレーの市場価格や、日常生活でよく食べ

総合の価格決め　授業はじめの子どもたちの考え

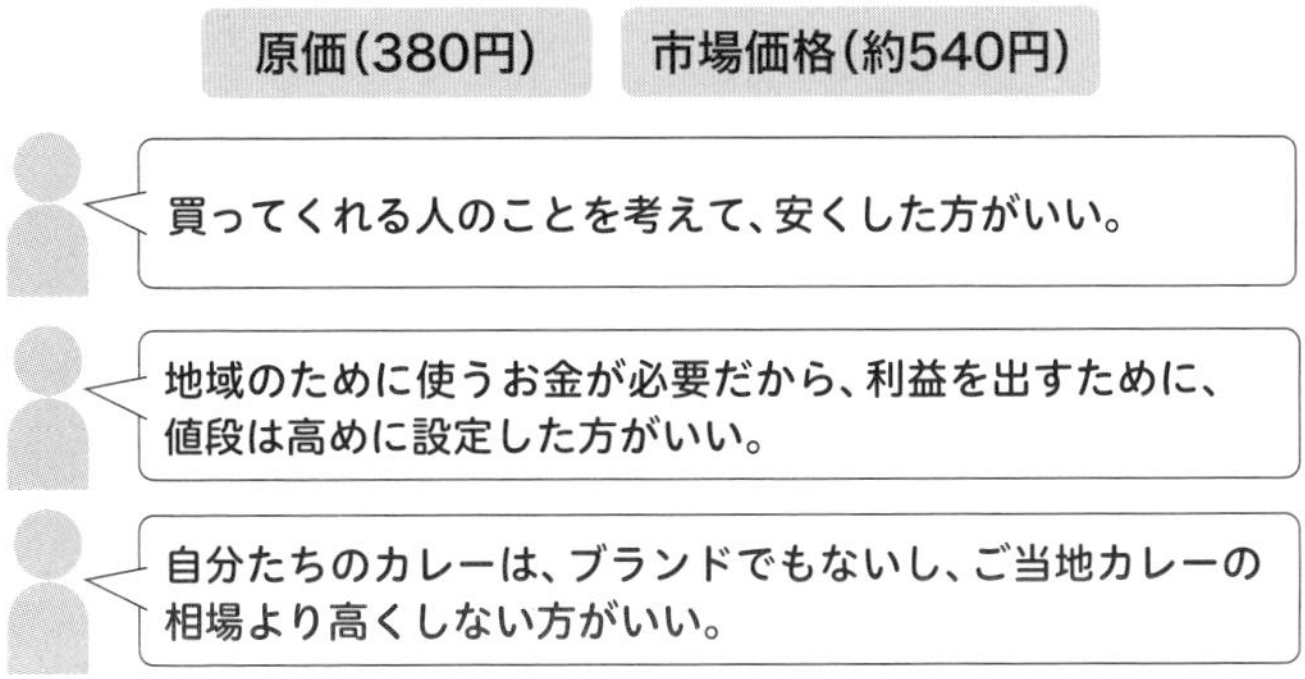

る一般的なレトルトカレーの市場価格に関する資料をもとに、自分たちの思いだけでなく複数の側面からデータの妥当性を検討しはじめました（左図）。

ご当地カレーの価格帯

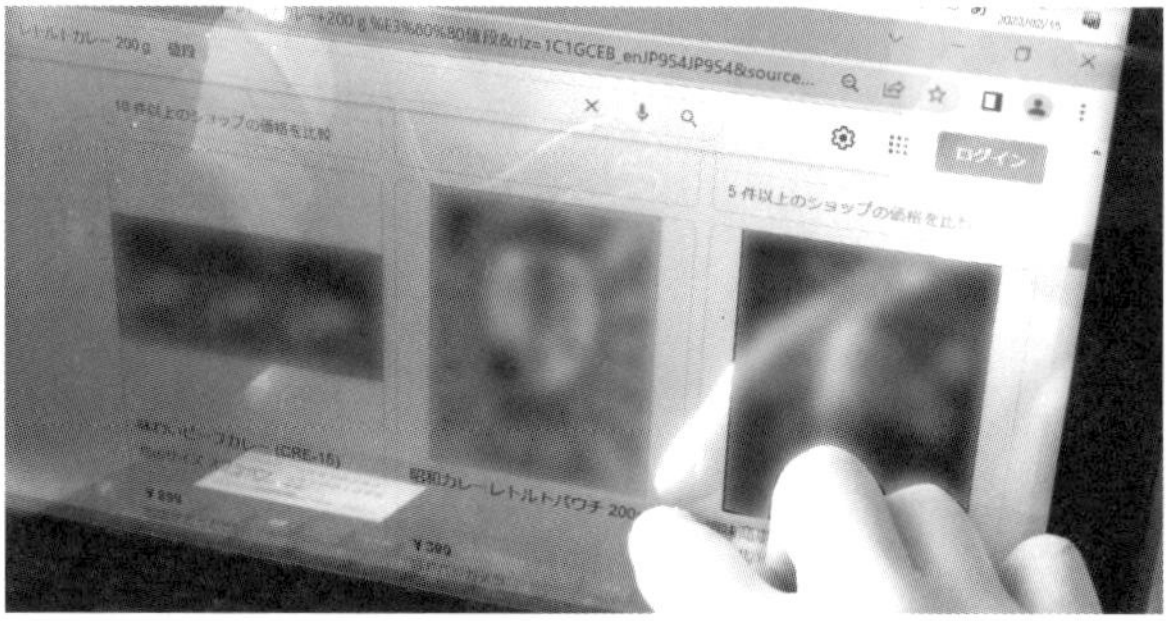

一部加工しています。

一般のカレーとご当地カレーの価格帯を並べている子どものノート

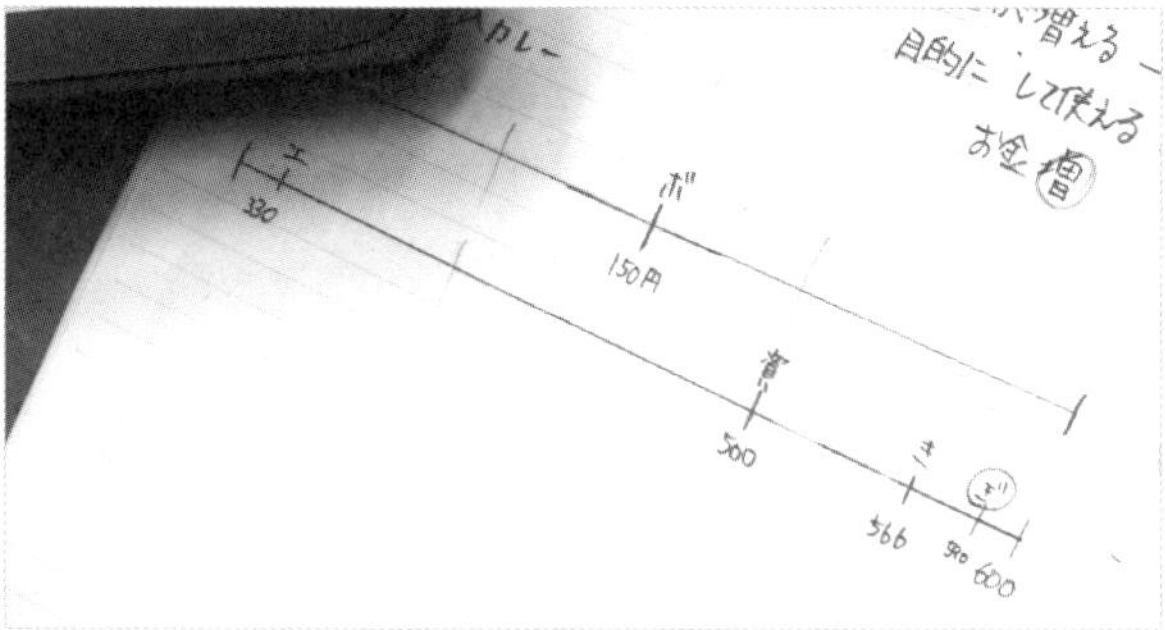

ご当地カレーの価格帯をノートに書いている子どものノート

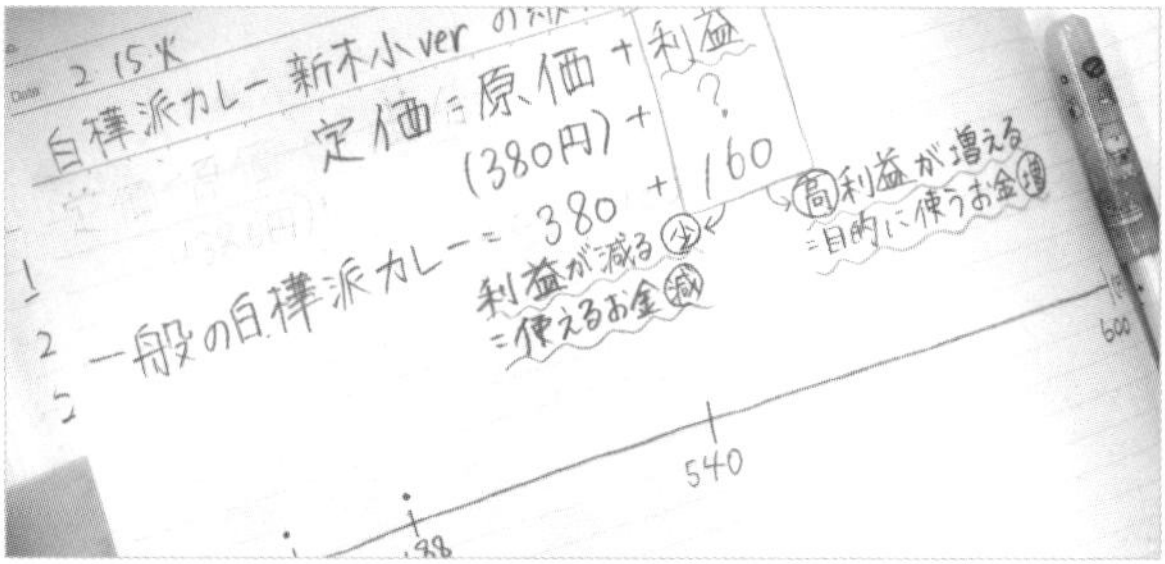

２時間目では、トマトの栽培費用なども考慮し、利益分の話し合いを進めていきます。ご当地カレーの市場価格の相場は、５４０円程度、一般の白樺派のカレーも同様です。意見は二極化しますが、最終的には、一般の白樺派のカレーとの差別化や目的に活用する利益分を多くしたいとの思いの兼ね合いから、一般の白樺派のカレーの価格に10円の利益分を上乗せして、５５０円を販売価格とすることで決定しました（下図）。

１時間目と２時間目の板書

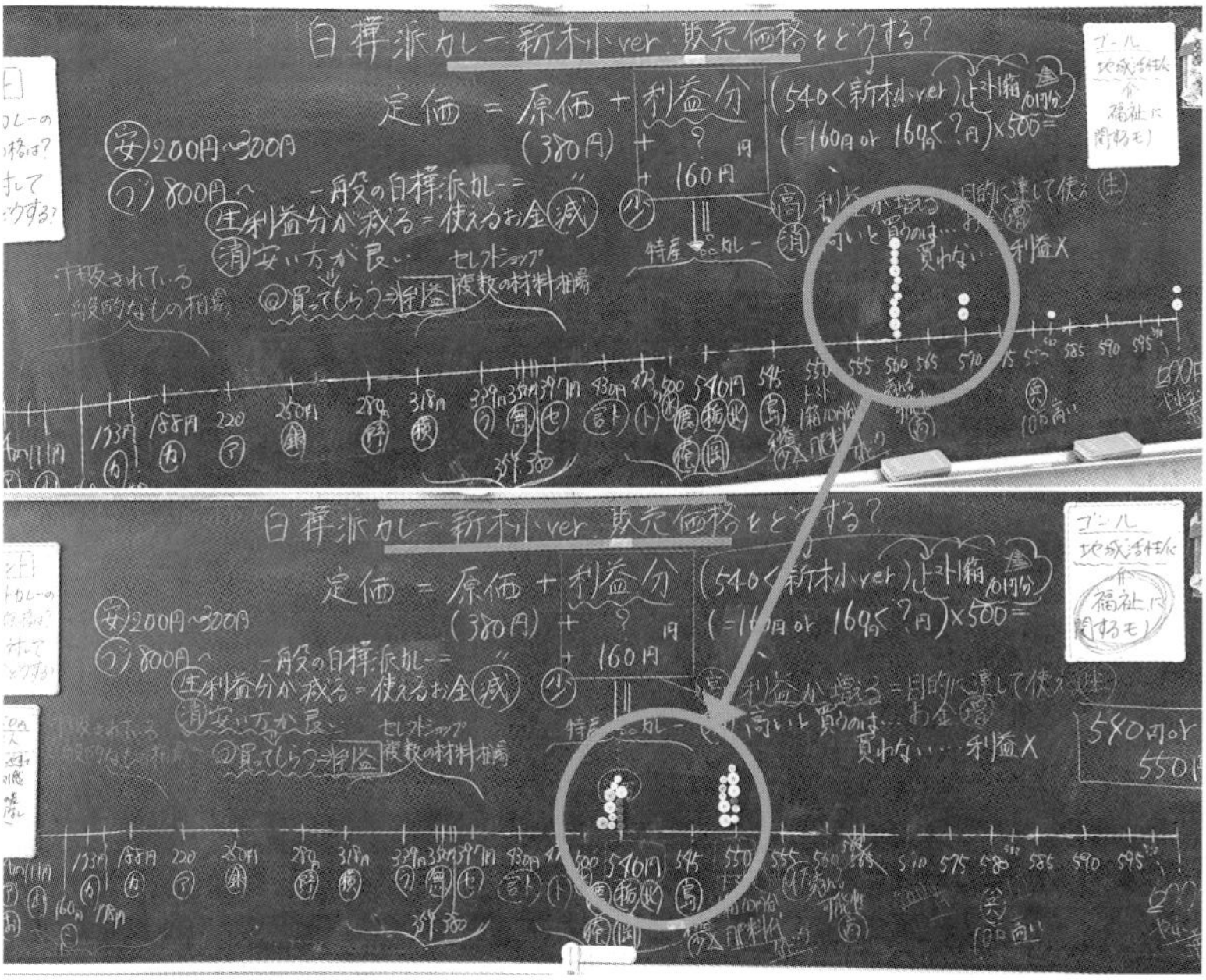

1時間目
2時間目

「資質・能力」の育成と子どもの振り返り

1時間目が終わった時のA児の振り返りです（左図）。A児は、当初、利益重視の意見でしたが、友達の意見を踏まえて価格帯の傾向を比較した上で、消費者の立場で価格を検討するようになっています。

価格決めについての振り返りの作文（A児）

私は、570円がいいと思います。最初は、580円がいいと思ったけど、買いに来た人は、四捨五入して、600円と感じる人が多いと思ったので少し高い気がしました。570円も四捨五入すると600だけど自分が買いに来て、570円だったら、買ってもいいかなと個人的に思ったので570円がいいと思いました。

算数では物事の結果とかだから、最頻値とかを求めてもいいけど、総合は、決め事だから最頻値とかで決めてしまう一方、Ｂ児は、データの傾向を比較した上で、安くして全部売れた時の利益と高くして売れ残った場合の利益の両者から考え、ご当地カレーの市場価格の相場５４０円と自分たちの意見（おそらく最頻値の５６０円）中間付近の金額設定を検討しています（左図）。

価格決めについての振り返りの作文(B児)

550円がいいと思いました。理由は、あまり高すぎても、買う人がいないし、(計算したら550円ですべて売れたとして、580円で50個以上売れ残ると同じ利益になった。また、安すぎても利益があまり出ないので中間あたりの550円がいいと思いました。
算数の内容を使ったことに関しては、やっぱり自分たちや消費者の思いも関係しているので、データで決めるのは、難しいと思いました。

この両者の振り返りは、本時の評価規準であるデータの傾向を比較し、その妥当性を考えながら販売価格を設定している具体的な姿だと言えます。

両者の振り返りには教科等横断に関する記述も見られます。A児は算数科と総合的な学習の時間の学習の違いを考え、データの傾向を読み取り、決定するには他の要素も大切になることを書いていています（左図）。

価格決めについての振り返りの作文（A児）

0円も四捨五入すると600だけど自分が買いに来て、570円だったら、買ってもいいかなと個人的に思ったので570円がいいと思いました。

算数では物事の結果とかだから、最頻値とかを求めてもいいけど、総合は、決め事だから最頻値とかで決めてしまうと他の人の意見が反映されないで、決まってしまうから、総合では、データだけではなくみんなの意見を聞いて、結論を出すことが大事だと思いました。

Ｂ児も同様に、授業の内容も踏まえて、データだけで決めきるのは難しいという記述をしていました。

こうした振り返りの記述は、他の子どもにも見られ、算数科のデータの活用の有用性や汎用性を考えている子どもが多くいました（下図）。また、価格帯のデータの傾向を読み取り、他の様々なデータと比較し、その妥当性を考えている子どももいました。その上で、総合的な学習の時間における価格決定の場面は、算数科とは違い、代表値だけで決めきれるものではないという違いに気付いた子どもも多く見られました。

教科等間に関する振り返りの記述の分類

振り返りの記述の分類	人数
算数のデータの活用の有用性・汎用性に関する記述	11/27 名
最頻値などの代表値では決めきれないというデータの分析に関する記述	13/27 名
その他	3/27 名

本時の評価規準

オリジナルの白樺派のカレーの販売価格について、平均値や最頻値などでデータの傾向を捉えながら比較し、販売価格の妥当性について考え、販売価格を決めている。

このように、算数科で育成した「資質・能力」は、総合的な学習の時間においても対象や状況を変えて繰り返し「活用・発揮」されており、またそれを自覚している子どもが多いと考えることができます。

年度末、子どもたちに単元配列表を配り、学びがつながっていると思う単元に矢印を引いてもらいました。子どもたちが作成した単元配列表と教師が作成した単元配列表の矢印を比較すると、教師が意図的・計画的に単元や授業を設計した教科等間の関連については、子どもたちも学びがつながっていると自覚していることがわかりました。

単元配列表に矢印を入れた後の振り返りには、教科で学んだことが総合的な学習の時間に生かされ活用されているという記述が見られます。教科の知識を最大限に使っていく教科学習と総合的な学習の時間の関係性について記述しており、各教科の「資質・能力」を総合的な学習の時間で「活用・発揮」すると考えている子もいます。

また、「活用・発揮」について、前にやった教科の授業が後の授業に生かせ、やりやすくなったり、よりよくできたり、その後の違う授業でも役立てられると教科等間の関連の順序に注目して書いている子もいます。

「内容」というのは学習対象での関連、「読み取り方」というのは、各教科の「資質・能力」の「活用・発揮」に関する関連のことだと推察している子もいます。

こうした振り返りからも、子どもたちは、教科等間の関連の有用性を具体的に、複数の視点から考えていることがわかりました（下図）。

単元配列表を作成した後の振り返り

> 総合につながる教科や単元が多くて、各教科の応用になっていると思いました。他の教科でも、学んだことを資料としてまとめたり、違う方向から見ることもできました。国語→人物像、社会→周りの人との関わりなど、総合は人に伝えるので、そのままの話し合いや情報収集などに、データの活用や思考ツールなどが使えると思いました。
>
> いろいろな学習に生かすことができて１つにまとまっているというより、ちらばっている感じだと思った。内容と関わっているところもあれば、読み取り方とかで関わっているところもあって、いろんな場面で関わっていてすごいと思った。これからの学習でも何かを生かして学習していきたいと思った。
>
> 前の授業や違う教科の授業をしっかりと後の授業に生かせたり、後の授業がやりやすくなる。後にやる授業や違う授業でもよりよくできる。違う授業でも他の授業に生かせる。役立てられる。

★ 田村は こうみる

★〈ポイント1〉駆動する知識が本物の学力になっていく

算数科で学んだ思考力が総合的な学習の時間で「活用・発揮」されています。算数科で学んだデータの活用で身に付けた思考力が総合的な学習の時間の白樺派のカレーの価格決定で「活用・発揮」される姿を見ることができます。算数科でデータの活用のための「資質・能力」が身に付くことはもちろん期待されるものの、それがさらにリアリティのある場や、子どもにとって興味・関心の高い対象に対して使われることで、算数科のデータの活用の力はより確かなものになり、実際の生活の中で使いこなせるような本物の学力になっていくと言えるのでしょう。

★〈ポイント2〉学校の実態に応じて、「活用・発揮」の実現性が高まる

概念を形成する平松さんの実践に対して、新木小学校の実践は思考力がより汎用的になって、自由自在に使える実践になっています。この考え方は、例えば、理科の思考力が総合的な学習の時間で発揮されるとか、国語科や社会科で学んだものが総合的な学習の時間で「活用・発揮」されるということも当然考えられます。同じような発想で教科等間の関連を意識することによって、「活用・発揮」の実現の可能性が高まることが期待できます。教科等横断は、学習指導要領の総則の第2の2に書いてある

のですが、具体があまり明らかになっていません。その意味でも、この実践における関連のイメージや考え方は参考になると思います。

★〈ポイント3〉授業改善、授業づくりがイメージできる

実践の取り組みの過程がわかりやすく示されています。子どもたちがどのように変化したか、どんな成長があったかということも、具体的な子どもの姿や記述で示されています。そのため、カリキュラムをどのように横展開していくと、最終的にどんな子どもの姿になるといったイメージができるのではないかと思います。

カリキュラムをデザインすることが、具体的な授業改善、授業づくりまでイメージを広げてくれるものになっています。とても参考になる実践です。

5 カリキュラム・デザインの横
千代田区立九段小学校の実践から考える

キーワード
非認知能力・性格特性BIG5

カリキュラム・デザインの横として、非認知系の知識が関連付いて安定的になる具体的な取り組みの実践例を紹介します。

意欲や協調性、粘り強さといったテストで測ることができない非認知能力の育成に取り組んだ実践です。

非認知能力とは、学習指導要領に示された「資質・能力」の三本柱で言えば、「学びに向かう力、人間性等」になります。学習指導要領には、各教科等について、目標、内容、内容の取扱いを記述しています。どの教科等も目標には「知識及び技能」「思考力、判断力、表現力等」「学びに向かう力、人間性等」が書いてありますが、内容になると、「知識及び技能」「思考力、判

育成を目指す「資質・能力」の三つの柱

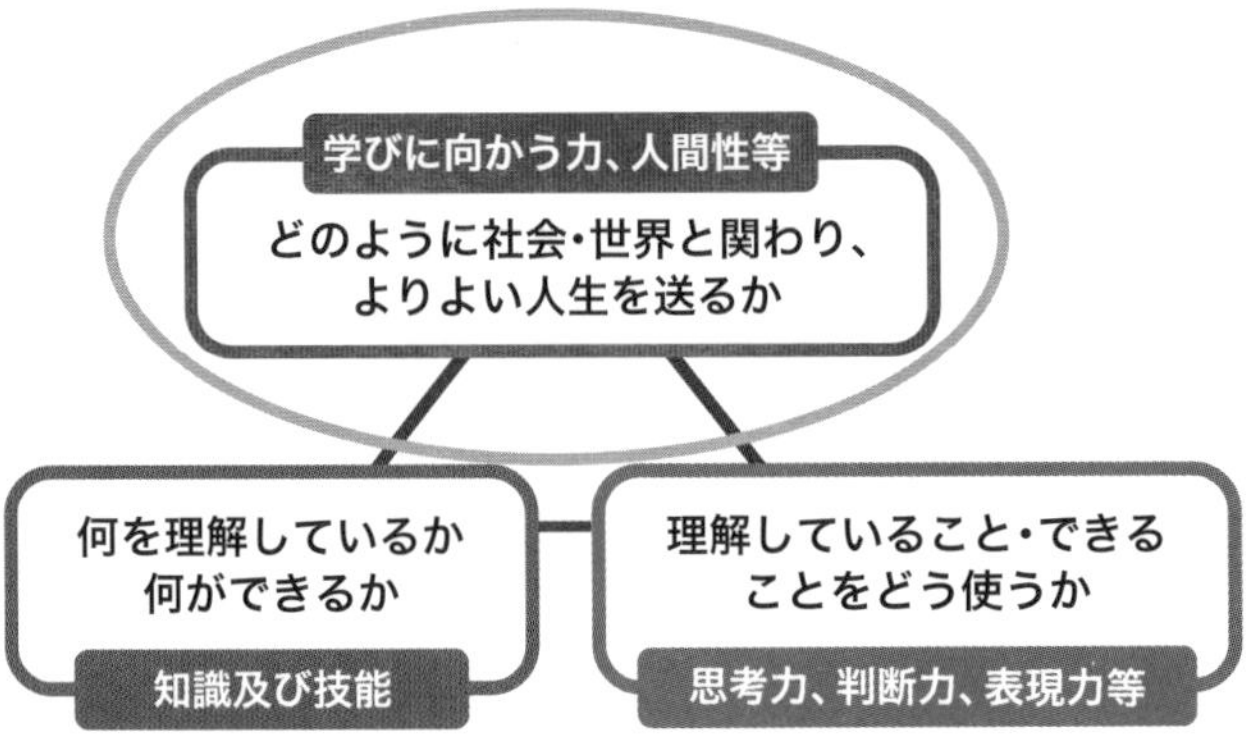

断力、表現力等」しか書いていない教科が多い状況です。「学びに向かう力、人間性等」が書いてあるのは生活科と体育科などしかないというのが現状です。この見えにくい「学びに向かう力」を千代田区立九段小学校ではどのように考え育成しようとしているか、注目してほしいと思います。

　カリキュラム・デザインの横として紹介しますが、学校教育目標から育成したい「学びに向かう力」を明確にし、授業づくりの手順を明らかにする取り組みは、カリキュラム・デザインの縦と言えます。カリキュラム・デザインの横を考えるには、縦が重要であることが本実践から再認識できるでしょう。

「学びに向かう力」を高める授業づくりの手順を共有し、その手順に沿って他教科等にわたる授業を行うことで、非認知系の知識が関連付いて安定的になる取り組みがカリキュラム・デザインの横となります。

　この「学びに向かう力」を高める授業づくりの手順、授業づくりシートを活用した1単位時間を構想する手立ては、どの学校でも取り入れやすく工夫されていますので、広く活用してほしいと思います。

「学びに向かう力」を高める授業づくり

千代田区立九段小学校　中岡誠也

今、子どもたちに必要な教育とは？

これからの社会で活躍する人は、どのような人なのでしょうか。子どもたちには、今の学びを将来の学びへとつなげてほしい。生涯にわたって、他者と共に考え、学び続ける人になってほしい。そのために私たち教師は、今、何をしなければならないのか。こうした問題意識から本校の研究は出発しました。これからの未来で活躍する人は、様々な問題に向き合い、他者と共に考え、学び続ける人であると考えます。そのような人こそ、今の九段小の子どもたちが目指すべき姿と捉え、研究主題を「共に考え、学び続ける姿を目指して」と設定しました。

未来に求められている姿から現在へとさかのぼって、今の本校の子どもたちの実態を見つめ直したとき、

失敗を気にする

すぐにあきらめる

自分の考えを言おうとしない

声の大きい児童に同調する

といった、学習に向かう態度面や行動面に課題があるということが、本校の多くの教師の実感としてありました。

学習に向かう態度面や行動面に課題がある本校の子どもたちにとって、今、教育で必要なことは、意欲、協調性、粘り強さといった、テストでは測ることのできない「非認知能力」の育成であると考えました。

本校の学校教育目標は、「進んで学ぶ子・仲良く助け合う子・心も体もたくましい子」の育成です。学校教育目標を見つめ直すことで、本校の子どもたちに育てたい「学びに向かう力」がはっきり見えてくるのではないかと考えました。

私たちは、この「学びに向かう力」を授業を通してどのように育むのかということに焦点を当て、その授業づくりの方策を示すことを本研究の柱としました。

「学びに向かう力」をどう見取るのか？

まずは、学校教育目標（進んで学ぶ子・仲良く助け合う子・心も体もたくましい子）をもとに、本校の目指す子どもの姿を明らかにすることとしました（下図）。

育成したい「学びに向かう力」をイメージする上で、性格特性ＢＩＧ５と言われる五因子（外向性、協調性、誠実性、開放性、安定性）を参考にして、本校が育成したい「学びに向かう力」を言語化することとしました。子どもの実態、学校教育目標を踏まえ、性格特性ＢＩＧ５を参考にして、特に進んで伝えようとする外向性、他者とつながろうとする協調性、あきらめずにやり抜こうとする誠実性に焦点を当てて、本校で育てたいものを三つに整理しました（次ページ）。

令和４年度は、各学年、各教科等の授業の中で、この

学校教育目標から、本校の目指す子どもの姿を見つめ直す

学校教育目標

進んで学ぶ子	仲良く助け合う子	心も体もたくましい子

性格特性BIG5

外向性	協調性	誠実性	開放性	安定性

三つの力のうちどの力を育成していくのかを考え、授業づくりを行うこととしました。

本校で育てたい「学びに向かう力」を育成するにあたり、本時で目指す子どもの姿を明確にした上で、各教科等の授業の中で特に下の三つの活動を意図的に設定しました。

目指す子どもの姿を明確にし、それに応じた課題設定を行い、他者と協働して課題解決を図る活動と、自己の学びを言語によって振り返る活動を取り入れた授業実践を行うことで、子どもの「学びに向かう力」を育むことができるであろうと考えました。

本校で育てたい「学びに向かう力」

進んで学ぶ子	仲良く助け合う子	心も体もたくましい子
進んで 伝えようとする力	他者と つながる力	あきらめずに やり抜く力

意図的に設定した三つの活動

- 課題を設定する
- 協働的な活動を設定する
- 振り返る活動を設定する

「学びに向かう力」を高める授業づくりの手順

次のようにステップ1～7にまとめました。令和4年度は、この手順に沿って授業づくりを進めていくことにしました。

1　その教科・単元で育成すべき「学びに向かう力、人間性等」を確認する

各教科等における学習指導要領の目標及び内容をもとに、その単元で育成すべき「学びに向かう力、人間性等」を確認する。

2　本時で高めたい「学びに向かう力」を明確にする

1で確認した「学びに向かう力、人間性等」と、「令和4年度　九段小の子どもたちに育てたい『学びに向かう力』」を照らし合わせながら、本時で特に高めたい力を決定する。それぞれの力に応じて、本時の学習活動で

学習活動で期待する態度(例)

進んで学ぶ子

進んで伝えようとする力

- 進んで自分の意見を伝えながら～
- 誰に対しても同じように伝えながら～
- 様々な人に伝えながら～
- 新たな考えをもって伝えながら～
- 相手と違う考えであっても～

など

仲良く助け合う子

他者とつながる力

- 他者とやりとりしながら～
- 互いの意見を生かしながら～
- 考えの違いを受け入れながら～
- 他者の意見を参考にしながら～
- それぞれの思いを聞き合いながら～

など

心も体もたくましい子

あきらめずにやり抜く力

- 目標に向かいながら～
- 粘り強く何度も繰り返しながら～
- 思った通りにできなくても～
- 計画に沿いながら～
- じっくりと丁寧に～

など

期待する態度を具体的にイメージする（例・前ページ下図）。

3 本時で目指す子どもの姿を明確にする

フォーマットに沿って、本時で目指す子どもの姿を明確に言語化する（下図）。

4 授業の導入を工夫し、「他者と考えたくなる、追究したくなる課題」を設定する

ここで言う「課題」とは「学習課題」や「めあて」を指す。

5 協働的な活動を設定する

育成したい「学びに向かう力」が繰り返されるように他者との協働的な活動を設定する。ここでは音声言語によるアウトプットを大切にした活動を展開する。

6 振り返る活動を設定する

学びを振り返る活動を設定することで、自らの学びの

本時で目指す子どもの姿

フォーマット

「〇〇について（おいて）、△△しながら、□□しようとしている姿」

〇〇は対象や状況、場面、△△には期待する態度、□□は「主体的に学習に取り組む態度」として表れてほしい授業における子どもの行為を示す。

他者とつながる力	〉	筆者の挙げる事例について、互いの意見や経験の違いを認め合いながら、自分の知識や経験を伝えようとしている姿

姿について自覚化を図る。

振り返る活動を通して、「できた！わかった！楽しい！」といった学びに対する手応えの実感を得るとともに、その実感を得るに至った要因が浮き彫りとなるようにする。

ここでは文字言語によるアウトプットや振り返る視点を明確にすることを大切にする。

7 本時の評価規準を設定する

本時の評価規準（主体的に学習に取り組む態度）を設定する。3で「目指す子どもの姿」として設定した姿を活用する（下図）。

評価規準の設定を通して、ここまで計画した学習活動が、目指す「学びに向かう力」の育成に向かうものであるかどうかを見直す。

評価規準（フォーマット）の設定

「〇〇について（おいて）、△△しながら、□□しようとしている。」

評価規準の設定を通して、ここまで計画した学習活動が、目指す「学びに向かう力」の育成に向かうものであるかどうかを見つめ直す。

評価規準（主体的に学習に取り組む態度）の例

他者とつながる力	筆者の挙げる事例について、互いの意見や経験の違いを認め合いながら、自分の知識や経験を伝えようとしている。

「学びに向かう力」を高める授業づくりシート

第5年1組　教科・領域名　社会

小単元名「水産業のさかんな地域」

特に高めたい　「学びに向かう力」

進んで学ぶ子	仲良く助け合う子	心も体もたくましい子
進んで 伝えようとする力	他者と つながる力	あきらめずに やり抜く力

本時で目指す子どもの姿

「水産業のさかんな地域」について、他者に頼ることなく自ら進んで取り組みながら、プレゼンテーションで伝えようとしている姿

学習課題を生み出す導入（○主な発問・予想される子どもの反応）

○前回、各自でまとめたパワーポイントの内容を確認しましょう。（これまでの取り組み具合によって、子どものよい姿を伝えてもよい。）

・前時までに自分でまとめたプレゼンテーション資料を見直す。

学習課題（めあて）

水産業について、自分でまとめた学習内容を進んで伝えよう。

課題を追究するための協働的な活動（○主な発問・予想される子どもの反応）

○（プレゼンテーションソフトで）自分が伝えるページを選び、発表の練習をしましょう。発表の際は、聞いている人を巻き込む工夫を1回以上入れましょう。

・各自、自分の席で発表練習をする。

○グループで発表し合いましょう。早く終わったグループは別ページの発表もしましょう。

・グループの中で一人ずつ発表する。

○各グループで特によかった発表内容を全体で共有しましょう。

・電子黒板で学級全体に向けて発表する。

振り返りの視点（○主な発問・予想される子どもの反応）

○授業の振り返りをスクールライフノートに入力しましょう。

・進んで伝えることができたかどうか。→お天気マークで表す。

・学んだことや感想。→文章で入力する。

本時の評価規準

「水産業のさかんな地域」について、他者に頼ることなく自ら進んで取り組みながら、プレゼンテーションで伝えようとしている。

【態】（発表、発信、プレゼンテーション資料）

実践授業の紹介〈6年生・国語〉

「時計の時間と心の時間」という説明的文章を扱う学習です。本時で高めたい学びに向かう力は、「他者とつながる力」です。本時では、筆者の挙げる事例について互いの意見や経験の違いを認め合いながら、自分の知識や経験を伝えようとする姿を目指しました。

この題材では、筆者は科学的な事実を事例として挙げながら、主張を論説していくので、この事例は難しいとか、わかりにくいという意見が子どもたちから出ました。教師は意見を取り上げながら、自分たちにとってもっと身近な事例で考えられないかなと問いかけ、課題の設定へとつなげました。

協働的な活動としては、タブレットを使って互いの考えを共有し合うとともに、それぞれの違いを明らかにし、そのよさを確認しながら自分の考えを深めていくことにしました。

振り返りの活動では自分の考えを記録することができるアプリケーションを活用して学習の振り返りを書くようにしました。振り返りの記述から、お互いの意見の違いを認め合うことで、自分の理解が深まったということを自覚していることを見取ることができました。

第6学年 国語

単元名　筆者の主張や意図を捉え、自分の考えを発表しよう
教材名　時計の時間と心の時間（光村図書）

本時で高めたい「学びに向かう力」

他者とつながる力

本時で目指す子どもの姿

筆者の挙げる事例について、
互いの意見や経験の違いを認め合いながら、
自分の知識や経験を伝えようとしている姿

●課題を設定

筆者の意図を捉えながら、
自分たちにとってわかりやすい事例を考えよう。

●協働的な活動を設定

タブレットのアプリケーション
「ムーブノート」を活用して、
互いの考えの違いやよさを共有

●振り返る活動を設定

A児の前時の振り返り

A児
　事例1は、「わかりやすい例は」と書かれているので、そのまま「わかりやすい」と多くの人が思ったのだと思う。また、事例2は「わかりにくい」と回答した人が多かったが、朝、昼、夜のそれぞれの結果について説明もついていたので、私はわかりやすかった。

A児の本時の振り返り

A児
　自分たちの事例を考えたことで、事例の理解が深まり、筆者の主張がよりわかりやすくなった。私一人で考えると、思い付く例は少ないが、みんなで考えると、思い付かなかったことまでわかった。

前時の振り返りから、友達と一緒に考えることのよさを感じ取っているかどうかは見取ることができなかった。しかし、本時の記述から、A児は互いの意見の違いを認め合うことで、自身の理解がより深まったことを自覚していると見取ることができる。

実践授業の紹介〈4年生・体育〉

器械運動「マット運動」の単元です。本時で高めたい学びに向かう力は「あきらめずにやり抜く力」です。互いの動きを見合い、考えを伝え合う活動において、思った通りにできていないことがわかっても、自分の課題解決に向かいながら、繰り返し練習に取り組もうとする姿を目指します。

課題の設定を「自分ができるようになりたい技、できるようになりたいポイントを自分で選んで取り組もう」として、どの技のどのポイントを練習するかを自分たちで決めるようにしました。できるまであきらめずに取り組んでいることも大事ですが、自分で自分の課題を設定し、取り組むポイントを変更しながら練習することも、自分の課題に向けてあきらめずにやり抜こうとしている姿と考えました。協働的な活動としては、動画でお互いの技を撮り合いながら、その動画をもとに友達に技ができていたかどうかを伝え合いました。そこでは、自らの動きに合わせて課題を明らかにし、繰り返すことを大切にします。

振り返りでは、うまくいかない技について、技のポイントを意識しながら、自ら設定した課題に向かってあきらめずに何度も練習に取り組んでいるような記述が見られました。

第4学年
体育

単元名　器械運動「マット運動」

本時で高めたい「学びに向かう力」

あきらめずに
やり抜く力

本時で目指す子どもの姿

互いの動きを見合い、考えを伝え合う活動において、**思った通りにできていないことがわかっても、自分の課題解決に向かいながら**、練習に取り組もうとする姿

●課題を設定

自分ができるようになりたい技、できるようになりたいポイントを自分で選んで取り組もう。

●協働的な活動を設定

友達の試技を学習活動端末支援 Web システム「SKYMENU」を使って動画で撮影する。その動画をもとに、友達に技ができていたかどうかを伝え合う。ポイントを確かめたいときには、お手本の動画をタブレットで見合いながら伝え合う活動を行った。

●振り返る活動を設定

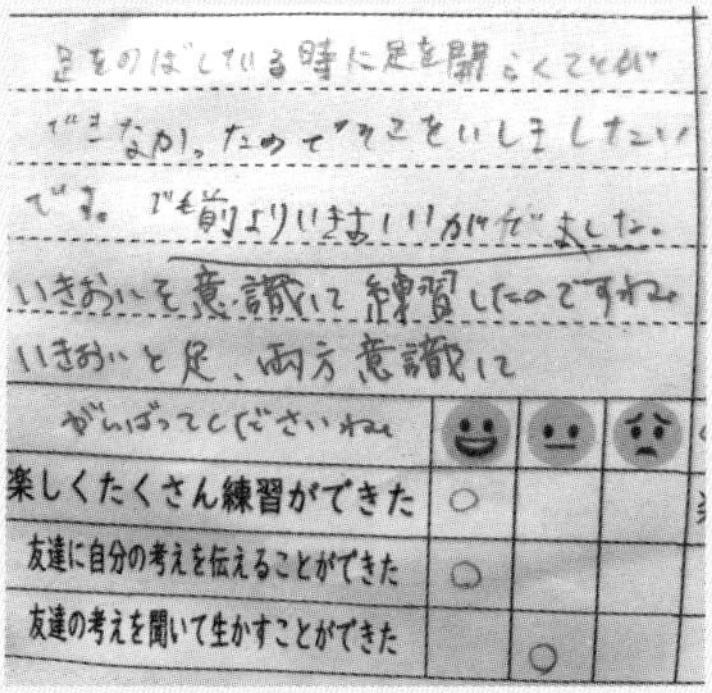

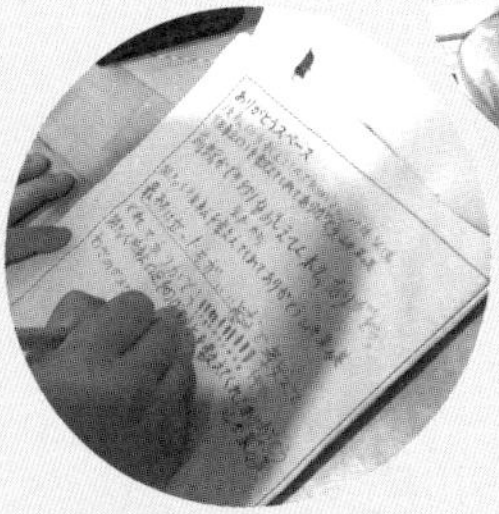

ワークシートを活用し、少しずつ自分の技が上達していることを実感できるようにした。

B児の本時の振り返り

B児は、開脚前転を行う際に「足を開くことができない」という課題意識をもっていたが、「前よりいきおいがでた」という記述から、技のポイントに着目し、本時でもあきらめずに自分の課題に向かって練習に取り組んでいたことを見取ることができた。

実践授業の紹介〈2年生・国語〉

「ことばでみちあんない」という単元です。本時では、地図を持っていない相手に電話で道案内をする場面において、進んで案内したり、注意深く聞いたりしながら、対話しようとする姿を目指します。

相手にわかるように、話す順序を考えながら道案内することを本単元の課題としました。教科書掲載の地図ではなく、教師がつくった地図を用いました。携帯電話の模型を一人ひとりに持たせて、地図を持たない相手に「宝のありか」を伝えるという課題を設定することで、協働的な活動を行いました。グループ構成を三人とし、一人が案内役、二人を聞き役としました。電話のやり取りにおいて、わかりにくかった点を聞き返したり、二人で相談したりしながら、宝物の隠し場所にたどり着けるような対話をしたいと考えました。

振り返りが感想だけで終わらないよう、自己評価を三段階の顔表情で表すとともに、その理由を書くようにしました。理由を書くことで、学びの自覚化を図っています。他教科の学習においても、日々振り返りを行うことで、達成感や充実感を感じ、主体的に学習に取り組む態度を身に付けることを期待しています。

第2学年
国語

単元名　たいわのれんしゅう
教材名　ことばでみちあんない（光村図書）

本時で高めたい「学びに向かう力」

進んで伝えようとする力

本時で目指す子どもの姿

地図を持たない相手に電話で道案内をする場面において、**自分から進んで案内したり、注意深く聞いたりしながら、**対話しようとする姿

課題を設定

友だちに話したり、聞き返したりしながら、力を合わせて宝を目指そう。

協働的な活動を設定

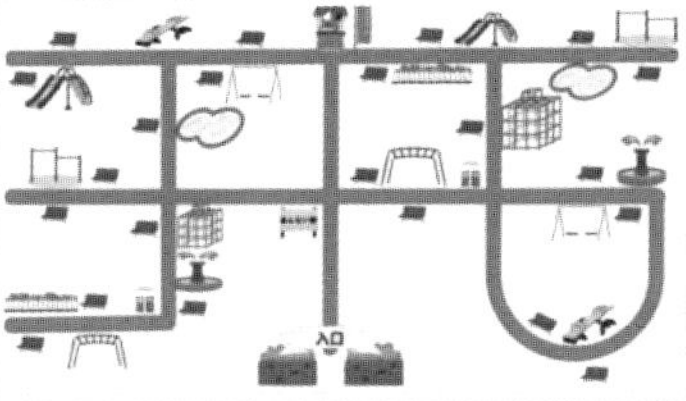

振り返る活動を設定

C児の本時の振り返り

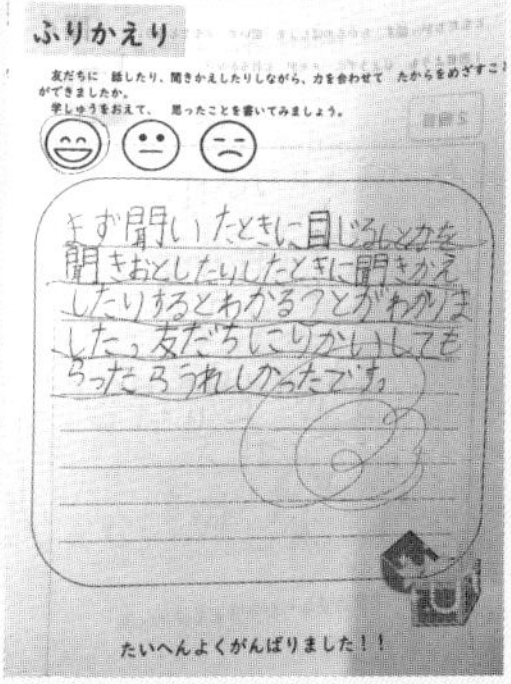

D児の本時の振り返り

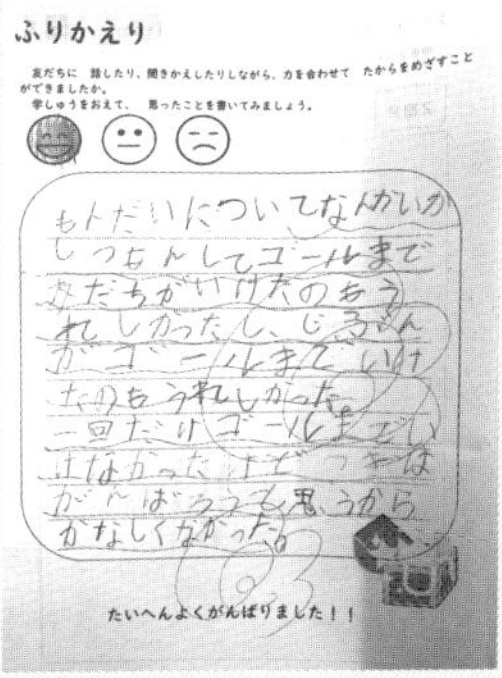

「笑顔」を選んだ理由として、C児は「聞き落としたときには（相手に）聞き返すとよいことがわかった。」「（自分の説明を）友達に理解してもらってうれしかった。」D児も「何回か質問をしながら、自分だけでなく友達もゴールまでたどり着くことができてうれしかった。」と記述している。どちらの子どもも友達に自分から進んで伝えようとすることのよさを自覚していることがわかる。

取り組みの成果と課題

　ここまで記してきた取り組みについて、その成果と課題について記していきます。成果については、

（1）育成したい「学びに向かう力」と本時で目指す子どもの姿を具体的に言語化したことで、課題設定が明確になり、**「学びに向かう力」を高める授業づくりの手順を明らかにすること**ができました。

（2）育成したい「学びに向かう力」が「活用・発揮」されるように、共に考え、話し合いながら行う協働的な活動を設定したことで、**本時で目指す子どもの姿を具現すること**ができました。

（3）言語によって振り返る活動を設定したことで、その記述から、**教師が子どもの学びに向かう力の状況を見取り、把握しながら授業づくりを行うこと**ができました。

第４学年　体育「マット運動」より

第６学年　国語「時計の時間と心の時間」より

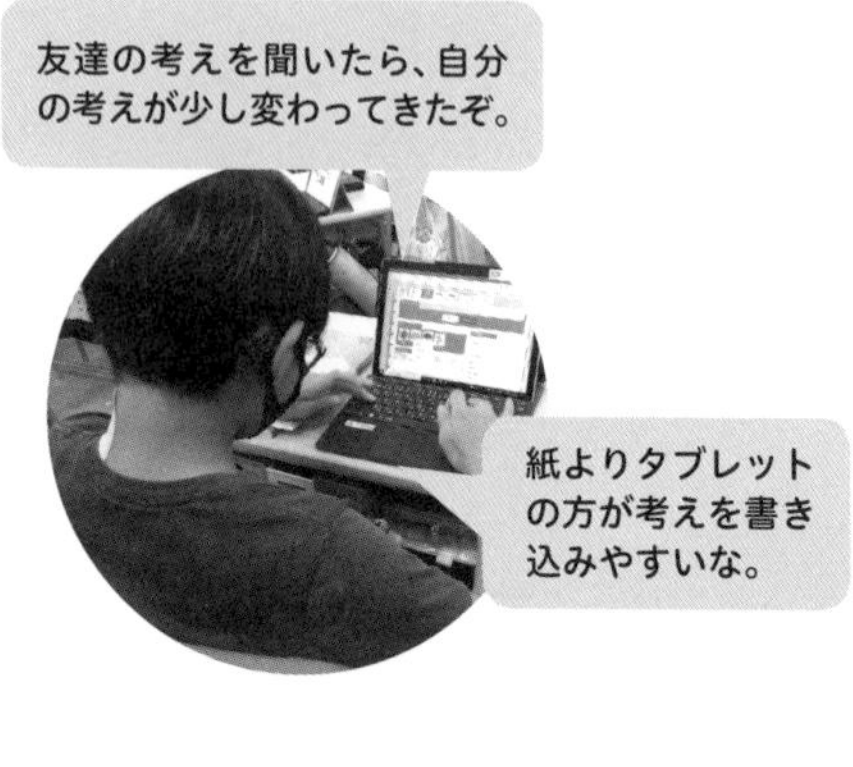

全ての教科で同様の取り組みを行うようカリキュラム全体を横に展開したことで、期待する「非認知能力」が育成され始めているように感じています。

課題については、以下の３点が考えられます。

（１）どの単元で、どのような「学びに向かう力」を育成していくのかを明確にし、発達段階に応じた系統性を確保することを心がけたい。

（２）育成したい「学びに向かう力」において、性格特性ＢＩＧ５のうち、外向性、協調性、誠実性だけでなく、開放性と安定性についても検討対象とするか考えてみたい。

（３）授業で子どもが記述した振り返りのデータを、子ども自身の学びに生かしていけるように指導方法を工夫していきたい。

教師一同で課題に取り組み、これからの実社会に欠かせない「学びに向かう力」を育成することの大切さを実感しました。そのためにもカリキュラムを意図的にデザインしていくことの価値を理解することができました。

★〈ポイント1〉非認知系の力が認知系の力をも育てる

九段小学校の事例は「学びに向かう力、人間性等」の育成の話になります。「知識及び技能」「思考力、判断力、表現力等」を認知系のものと考えると、「学びに向かう力、人間性等」は非認知系にあてはまるでしょう。認知系を乱暴に言うとテストで測れるようなもの、非認知系はそうではない、態度に関するものということになります。非認知系の「資質・能力」の育成に関しては、学習指導要領の記載もあいまいで、何をどのように育成していくか、少し悩ましい部分もあるでしょう。ただ、それぞれの学校の教育目標を見ると、「学びに向かう力、人間性等」に意識が向いていることもわかります。単に漢字が書ければいいとか、思考力が身に付けばいいというだけではなくて、友達との関係性や自分から学びに向かっていくような自発性、他者とともに協力していくような協働性といったことを大切にしていますし、とても大事なことです。さらに、そういった非認知系の力が育つことこそが、思考力、判断力、表現力といった認知系の力を育成していくことも確かなことですので、こうした非認知系への取り組みは意義や価値があると考えています。

★〈ポイント2〉 学校の実態に応じた重点化・焦点化

全国の多くの学校が目を向けていかなければいけないところにチャレンジしています。非認知系の「学びに向かう力、人間性等」を中心に、縦に整理しながら落とし込んでいく形をとるわけですが、ある程度早い段階で「学びに向かう力、人間性等」に焦点化しようとしているのが、この事例の特徴だと思います。三つの「資質・能力」を取り上げることも大切ですが、どれもできるというわけにはいかないことも多いはずです。重点化・焦点化は大事なことです。実態を踏まえた取り組みがなされているところが参考になります。

★〈ポイント3〉 多様な取り組みを好循環に

教科を絞らず、複数の教科を通して幅広く挑戦していこうという取り組みになっています。学校教育目標から落とし込んできて、重点単元や関連単元でピンポイントに具体化していく事例もありますが、もう少し幅広く、各教科等において多様に実践していくという意味でも、参考になる実践です。

6 カリキュラム・デザインの横

加須市立礼羽小学校　林 大輔先生の実践から考える

キーワード　「利用・促進」

カリキュラム・デザインとして、学校教育目標から短期目標を定め、授業まで落とし込んでいく「縦」、「資質・能力」を「活用・発揮」する教科等横断を考える「横」の実践を見てきました。最後に紹介するのは、各教科と生活科・総合的な学習の時間の横断における「利用・促進」の事例です。

カリキュラム・デザインの横、教科等横断の際には、「資質・能力」でつなぐことが大切だと話してきました。例えば、国語科で学んだ表現する「資質・能力」が総合的な学習の時間で発揮されたり、役立ったりする。これらの姿は、各教科等間において「資質・能力」が「活用・発揮」されている状態と考えることができます。学んだことを何度も「活用・発揮」することにより、知識はつながり、構造化していきます。学びの価値を自覚することもできます。役立ち感や有用感を感じることで、これまで以上に主体的に学習に取り組む姿が期待できます。「活用・発揮」を見据えた単元配列表を作成することによって、育成を目指す「資質・能力」の実現可能性が高まり、期待する学びが生まれるということです。

これまでは「資質・能力」で関連付けることで「活用・発揮」を生むＡパターンを主に見てきました（下図左）。これから紹介する林さんの実践は、学習対象で関連付けることによって、「活用・発揮」とは異なる「利用・促進」が生まれるのではないか、というＢパターンの考え方です（下図右）。

「資質・能力」がより確かなものになるのがＡパターンの「活用・発揮」だとすれば、Ｂパターンは学習対象を関連付けることによって、各教科等の学びが意欲的となり、各教科等の「資質・能力」の獲得がしやすい状況が整い、「資質・能力」を確実に身に付けることができる。このことを「利用・促進」と考えていこう、ということです。

礼羽小学校の林大輔先生は埼玉県の長期研修生として、現在私の研究室で研修に励んでいます。「利用・促進」の実践研究、検証授業の成果が待たれるところです。

教科等横断的な関連のパターン

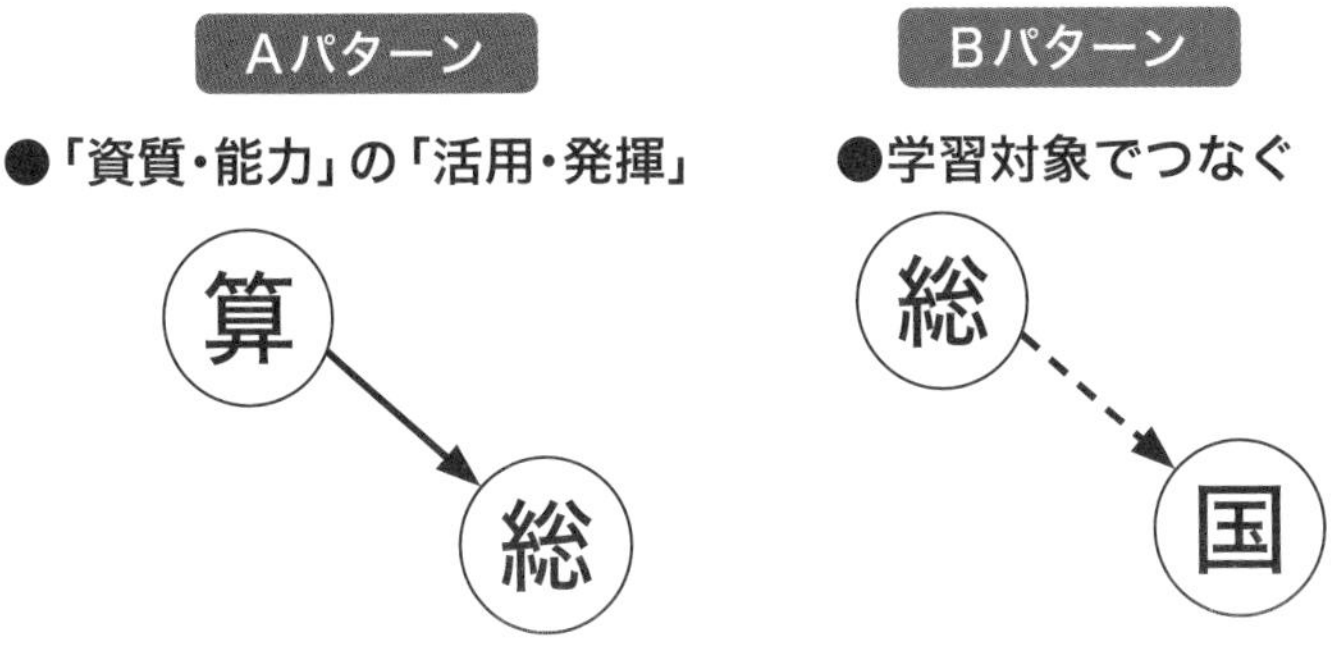

生活科・総合的な学習の時間から各教科への学習対象の「利用・促進」

加須市立礼羽小学校　林　大輔

教科等横断的な関連には、「資質・能力」の「活用・発揮」でデザインするパターン、学習対象の「利用・促進」でデザインするパターンがあり、①と②の場合が考えられます（下図）。

①「資質・能力」を関連付け、各教科の「資質・能力」を何度も使うことで確かなものになる「活用・発揮」。

②学習対象を関連付けることで、各教科等の学びが意欲的となり、「資質・能力」の獲得がしやすい状況が整う「利用・促進」。

ここからはこの二つを取り上げて考えていきます。

教科等横断的な学びを実現する二つの視点

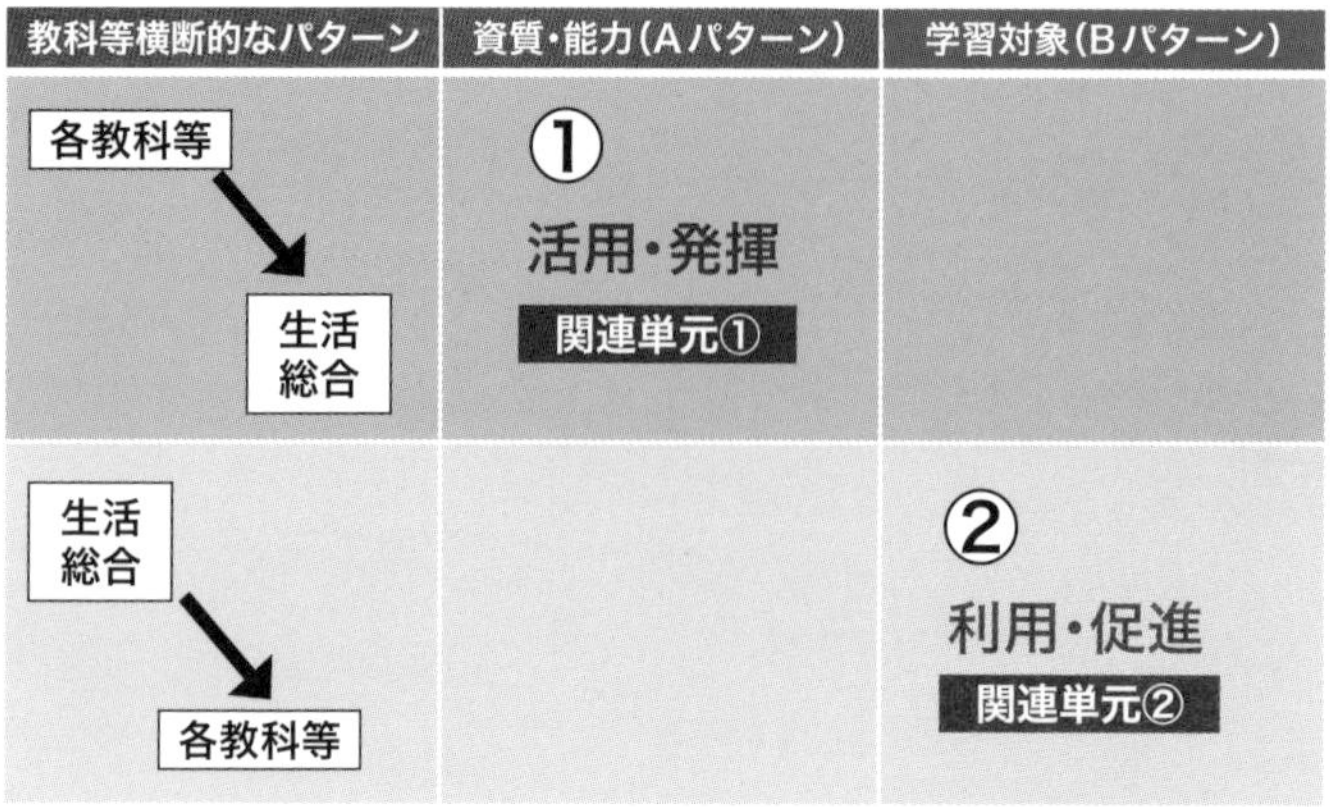

「活用・発揮」と「利用・促進」の違い

ここで、「活用・発揮」と「利用・促進」の違いについて押さえておきましょう。

「活用・発揮」については、各教科で身に付けた「資質・能力」を生活科や総合的な学習の時間でも使うことで、より確かになるものでした。

「利用・促進」は、生活科や総合的な学習の時間の学習対象を各教科等の学習に利用することで、各教科等の学びが促進され、各教科等の「資質・能力」の獲得がしやすい状況が整うことと考えています。状況が整うことで、各教科等の学習は充実し、「資質・能力」が確実に身に付くということです。

例えば、川を学習対象として環境について探究してきた事例で考えてみましょう。子どもは総合的な学習の時間で本気になって活動したり、調べたりした川の情報をたくさんもっているはずです。川への興味・関心も高く、常に川への意識を向けているものと思います。その情報を使って国語科の単元でパンフレットづくりを行います。教科書の教材で行うこともできますが、日常的に関わっている川に対するパンフレットをつくる学習活動により、より真剣に取り組む姿が予想できます。この際、国語科の単元を意図的に構成することで、国語科で育成を目指す「資質・能力」は教科書の教材で取り組むよりも獲得しやすくなり、確実に身に付くのではないかと考えています（下図）。

　学習対象を関連付けることで、各教科等の学習において学習対象を利用すること（単元構成）が可能となり、各教科等の「資質・能力」の育成が促進される単元を創造することができるとする考え方です。

「利用・促進」は教科の「資質・能力」の育成に効果的

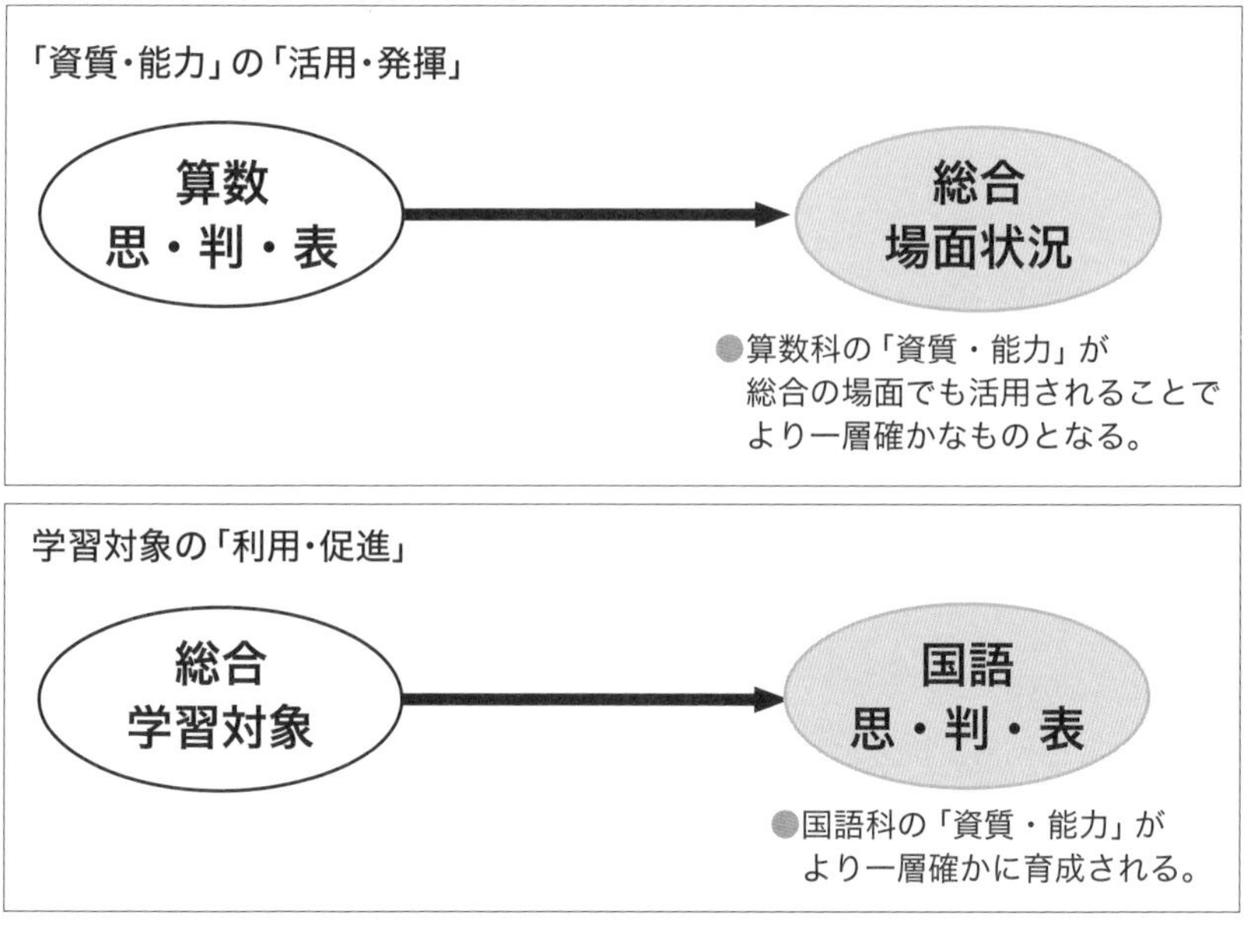

どうやって学習対象を「利用・促進」するのか

「社会科で森林の学習をしたから、総合的な学習の時間でも使えるね」といった関連は多くの先生方が行ってきた考え方かと思います。しかし、関連付けることによって「資質・能力」の獲得に対してどのような影響があったのかは疑問が残ります。意図的に「資質・能力」を獲得しやすい状況が整えられることこそ、教師にとって必要なカリキュラム・デザインの力ではないでしょうか。

各教科等の「資質・能力」の獲得がしやすい状況を意図的に整えるためには、次のような押さえるべきポイントが三つあると思っています。

一つ目は、**単元配列表の工夫**です。

単元配列表を俯瞰し、学習対象が「利用・促進」できるような単元を探します。そして、生活科や総合的な学習の時間での学習活動が十分に行われ、子どもたちが学習対象に存分に浸っていることが予想される時期に、各教科等で「利用・促進」できる単元を構想します。

二つ目は、**生活科や総合的な学習の時間において、情報を蓄積しておくこと**です。調べたり、体験したり、インタビューをしたりして得た情報を、カード、作文などで蓄積したり、ファイリングしたり、写真や動画で残しておいたり、クラス掲示にまとめたりといったように集積し、いつでも取り出せるような状況にしておくことが大切です。各教科等の学習で生活科や総合的な学習の時間を想起しやすい状況となるようにします。

三つ目は、**各教科等の学習過程において、学習のプロセスを大切にすること**です。

各教科等の学習過程には、必ず問題や課題設定の時間があります。国語科であれば、話題の設定。算数科であれば、日常の生活からの問題発見などです。その課題意識をきっかけに、もっている知識や情報を整理し分析したり、処理し再構成したりして、自らの考えや意見として明らかにしていきます。これを他者に伝えたり、表現したりする学習のプロセスがあります。生活科や総合的な学習の時間で扱ってきた学習対象には関心も高く、情報量も多く、このプロセスが充実する可能性が高まります。そうした各教科等の単元構成を意図的に創造することがポイントになってきます。各教科等で新たに情報を集める必要はなくなります。結果的に時間を削減することにもつながりそうです。

このように学習対象を利用することで、各教科等の学びがより意欲的となるので学びが促進されるというわけです。

「利用・促進」は各教科等の学びを促進し、各教科等の「資質・能力」の獲得がしやすい状況を整えることが可能になります。単元構成や授業づくりを工夫することで、どうすれば各教科等の学習を一層充実したものにするかを考えることが大切です。

「利用・促進」の具体例（生活科→教科）

単元導入時：各教科等で目指す内容への焦点化

生活科の「新1年生に朝顔の種をプレゼントしよう」という単元の学習対象を、算数科において「大きい数」の学習対象として利用できないかと考えました。

生活科では、
「自分たちで育てた朝顔の種を袋詰めして渡したい」
「すごい数があるけれど、一体どれだけあるのかな」
という思いや疑問が生まれました。

そこで、算数科の「大きい数」の単元に朝顔の種を学習対象として関連付けて、「利用・促進」します。

ここで、大切なことは、朝顔を大事に育てたとか、早く渡したいという生活科における思いや願いだけではなく、算数科で目指す数の認識に対する「資質・能力」

算数科の学習へつなぐ

に焦点化することが重要です。

そこで、算数科の日常生活や社会の事象から問題発見をする過程において、

「これだけたくさんある朝顔の種を早く数える方法はないかな」

「朝顔の種、一体いくつあるのかな。一つずつ数えると時間がすごくかかって大変だよね」

「10より大きいまとまりってあるのかな」

といった数の認識に対する疑問を取り上げることが鍵になります。算数科を学ぶ必然性をもつようにします（下図）。

生活科の朝顔の種という学習対象を算数科の「大きい数」の学習へ「利用・促進」したことで、単元の学習が意欲的なものとなります。そして、単元が進んでいくと、

生活科の学習対象を算数科の学習へ「利用・促進」

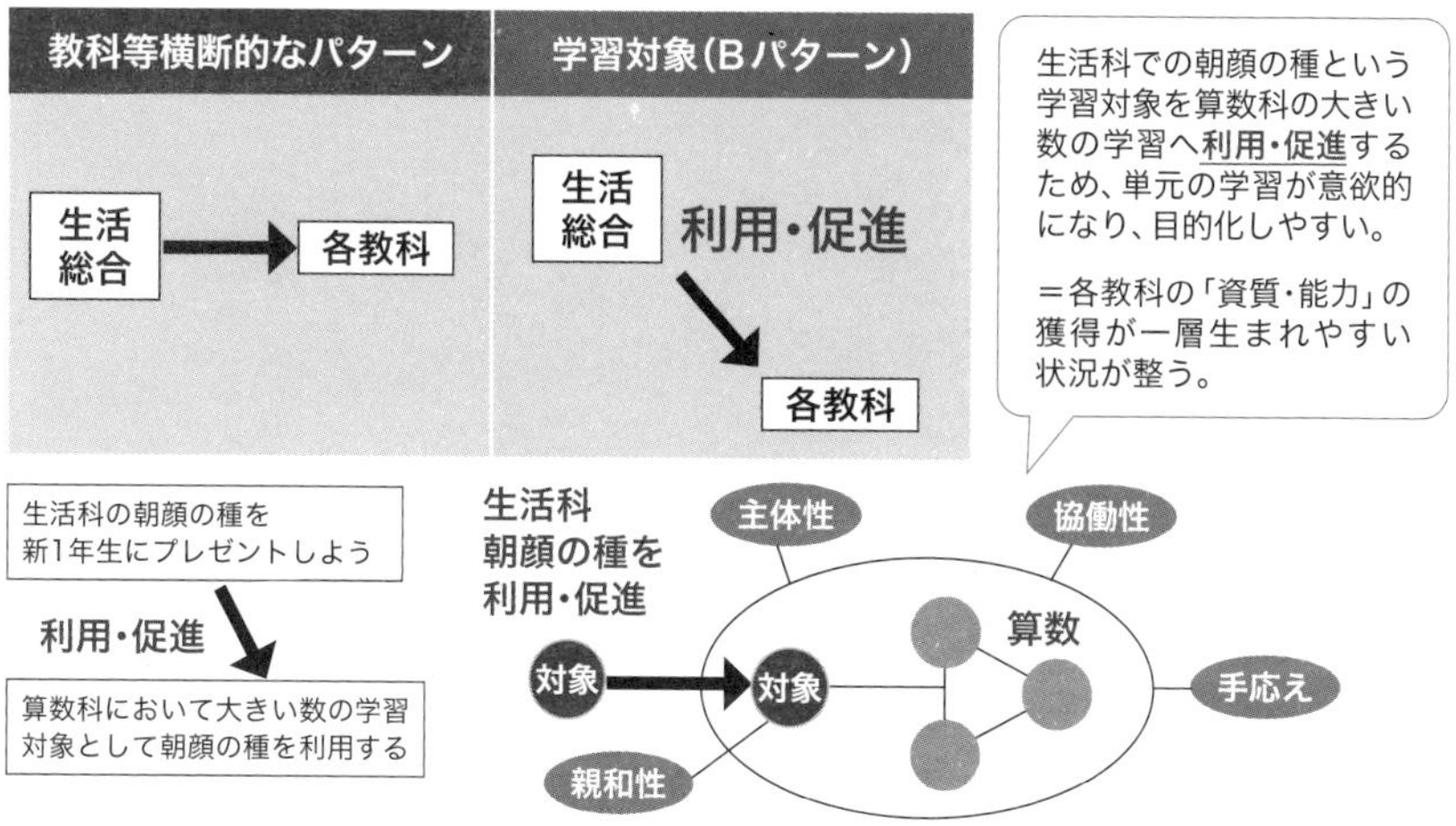

「1年生に種をプレゼントするために、10より大きい数を使えば種が早く数えられるし、同じ数ずつ袋詰めができそうです」

「袋詰めをするときは、1つずつでなく、10のまとまりが何個かを使って朝顔の数を調べてから分けるとよいと思います。でも大変なので、100のまとまりを使うとよいかもしれません。算数の勉強がいつもの算数の時間よりも楽しかったです」

と、数に対する認識が深まっていく姿になります。

そして、日常生活への活用や意味づけの場面で自覚的な「資質・能力」の獲得につなげます（下図）。

生活科の朝顔の種を算数科の学習へ「利用・促進」

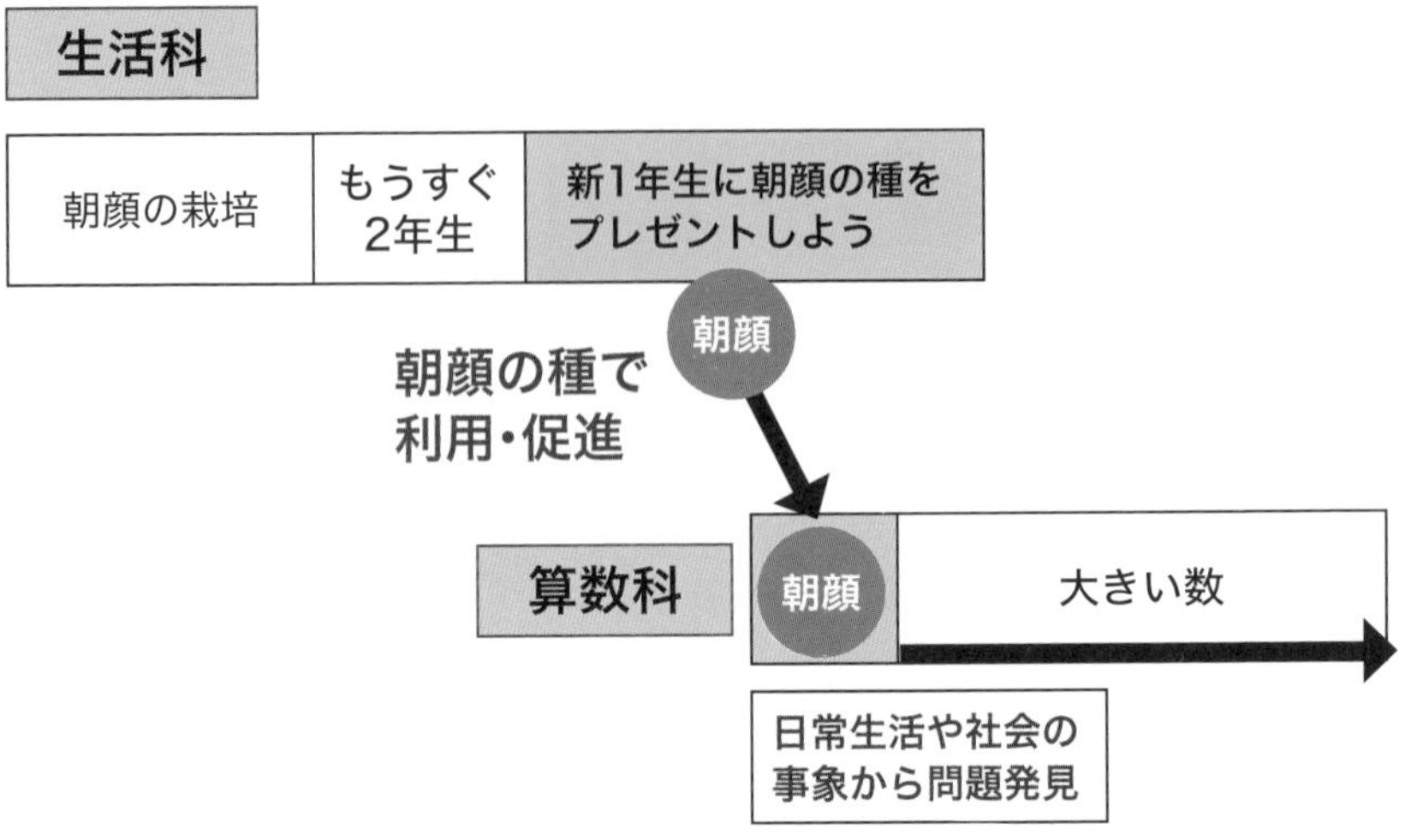

算数科の学習指導要領には次の記載があります。

「学びに向かう力、人間性等

第1学年では、数量や図形に親しみをもち、それらに対する感覚を豊かにするとともに、算数を学ぶことのよさや楽しさを感じながら学ぼうとする態度を養う。第1学年では算数の学習との出合いを大切にして、具体物を用いた活動などを有効に活用して、算数に主体的に関わって親しむことを重視する。この活動を基盤として算数を学ぶことが楽しいことを実感し、主体的に算数を学ぶことができるようにする。」（傍線 林加筆）

（小学校学習指導要領解説 算数編）

算数科の時間がより目的的になり、意欲的になったのは、自分たちが育てた朝顔の種を数えたい、同じ数ずつ袋詰めしてプレゼントしたいという思いが強く働いています。これがヒマワリの種だったら子どもたちの意欲の高まりがここまで見られるかどうかは疑問です。自分たちの育てた朝顔の種という学習対象で関連を図ったことで、算数科の「資質・能力」が獲得しやすい状況が整い、算数科の「資質・能力」を確実に身に付けることができたと考えられます。

授業の様子

次に、2年生の生活科「夏野菜の観察」を算数科の「長さ」の学習と関連付けることについて考えてみます。生活科では

「葉っぱは、僕の手の小指の長さと同じだよ。でも、親指くらいでもよいかもしれないなあ」

「友達によって指の大きさが違うからうまく伝わらないな」

と、友達や保護者に夏野菜の大きさが伝えられない状況でした。そこで、算数科の「長さ」の学習における、日常生活や社会の事象からの問題発見場面において、夏野菜を利用していきます（下図）。算数科で獲得したい「測定」に対する「資質・能力」が育成されることを目指します。すると、

「親指の大きさって人によって違うから正しく伝える方法を見つけたいね」

生活科の学習対象を算数科の学習へ「利用・促進」

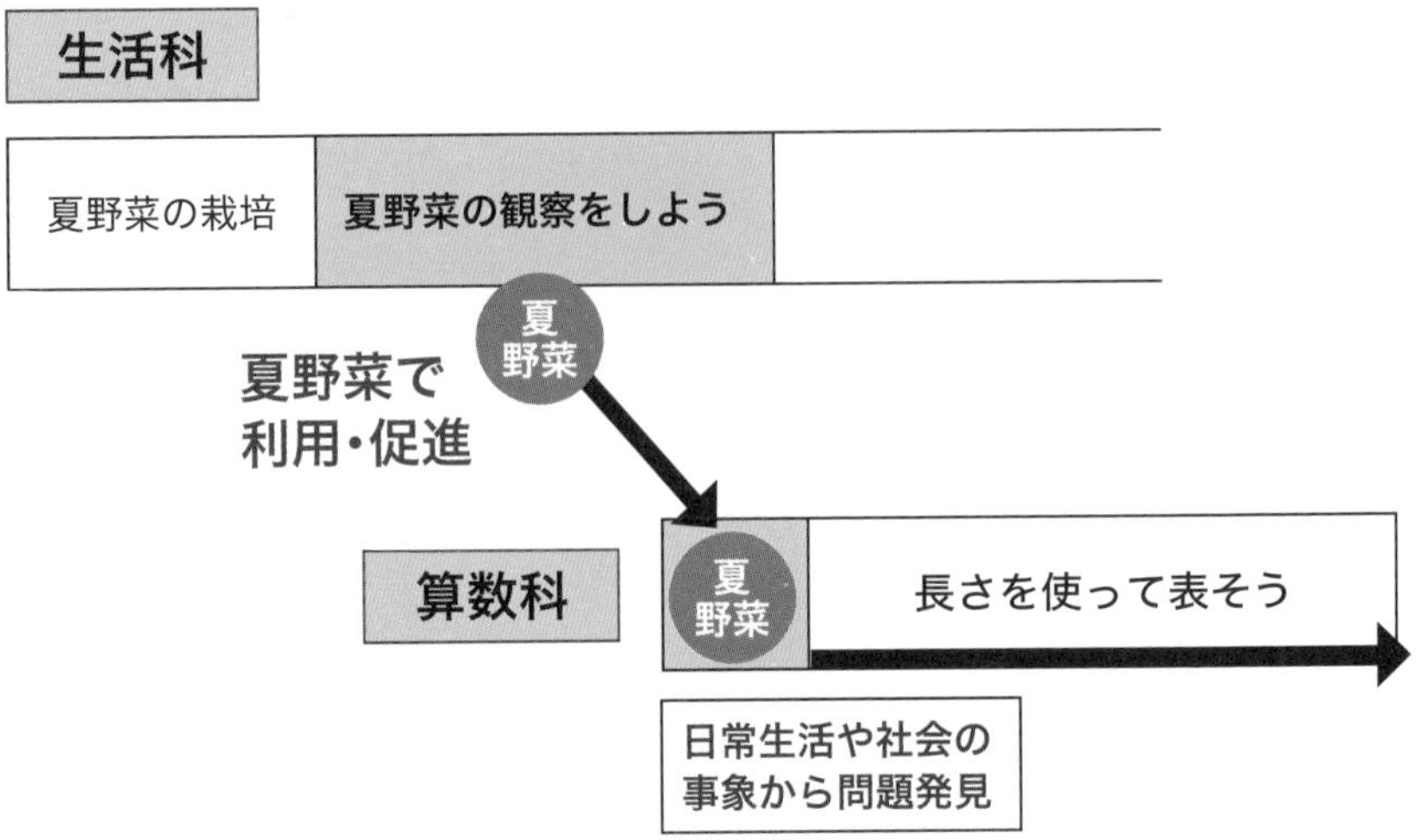

「身長や体重のように単位を使えばわかりやすく伝えられそうだね」
「友達の夏野菜の成長とどれだけ大きさが違うのか比べたいよね。共通の単位があるといいな」

といった思いや疑問が、強く生まれてくることが予想できます。ここでも、大事に育てたことや成長を伝えたいといった思いは大切ですが、それだけではなく、長さの単位やみんな共通で伝わるといった「測定」に対する認識に焦点化することで、算数科で目指す「資質・能力」の獲得がしやすい状況が整うと考えられます。その後の振り返りには、

「物差しを使って長さを調べたら、友達と4cm違うとか、3mm成長したとか、たくさん夏野菜の成長が伝えられました」
「物差しを使うと、夏野菜の成長記録がどの人にも、

振り返りの記述

同じようにわかりやすく伝えられそうです」

「靴のサイズもcmを使っていました。他のものも詳しく調べられそうです」

「算数って身近にいろいろ使われているなと感じました」

と、算数科での「測定」に対する学びが深まった姿が見られました。

生活科での夏野菜を算数科に「利用・促進」することによって、算数科の時間が意欲的になり、目的に応じた単位で量の大きさを的確に表現したり、比べたりすることという「資質・能力」を確実に身に付ける子どもたちの姿が多く見られました。

「利用・促進」の具体例（総合的な学習の時間→教科）

単元の終末時：自分と学習対象との関わりを見つめ直す

稲作を通して総合的な学習の時間で食について探究してきました。実際に米づくりを体験しました。すると、子どもから次のような声が出ました。

「このお米をおいしく食べたいな。お米を炊いておにぎりをつくって、協力してくれた地域の人に振る舞いたいな」

「自分たちのつくった米と他の米の味比べをしてみたいな」

そこで、家庭科の「ごはんとみそ汁」の単元で学習対象である収穫した米を利用することにしました。家庭科の単元をこれまで以上に意図的に構成するようにしました。家庭科の食事の大切さと食事の仕方や調理の仕方に対する「資質・能力」に焦点化していきます。

「米を炊く方法や必要な用具など調理の仕方を調べなくてはいけないね」

「一人分の米の量や水の量はどれぐらいなのかな」

など、米をおいしく炊くためについての疑問から学びが進んでいきます。そして、単元の終わりには、自分たちが炊いた米を食べている学習活動の写真や動画などを使って自分と学習対象の関わりを見つめ直します（下図）。すると、次のような記述がありました。

総合的な学習の時間の米づくりを家庭科の学習へ「利用・促進」

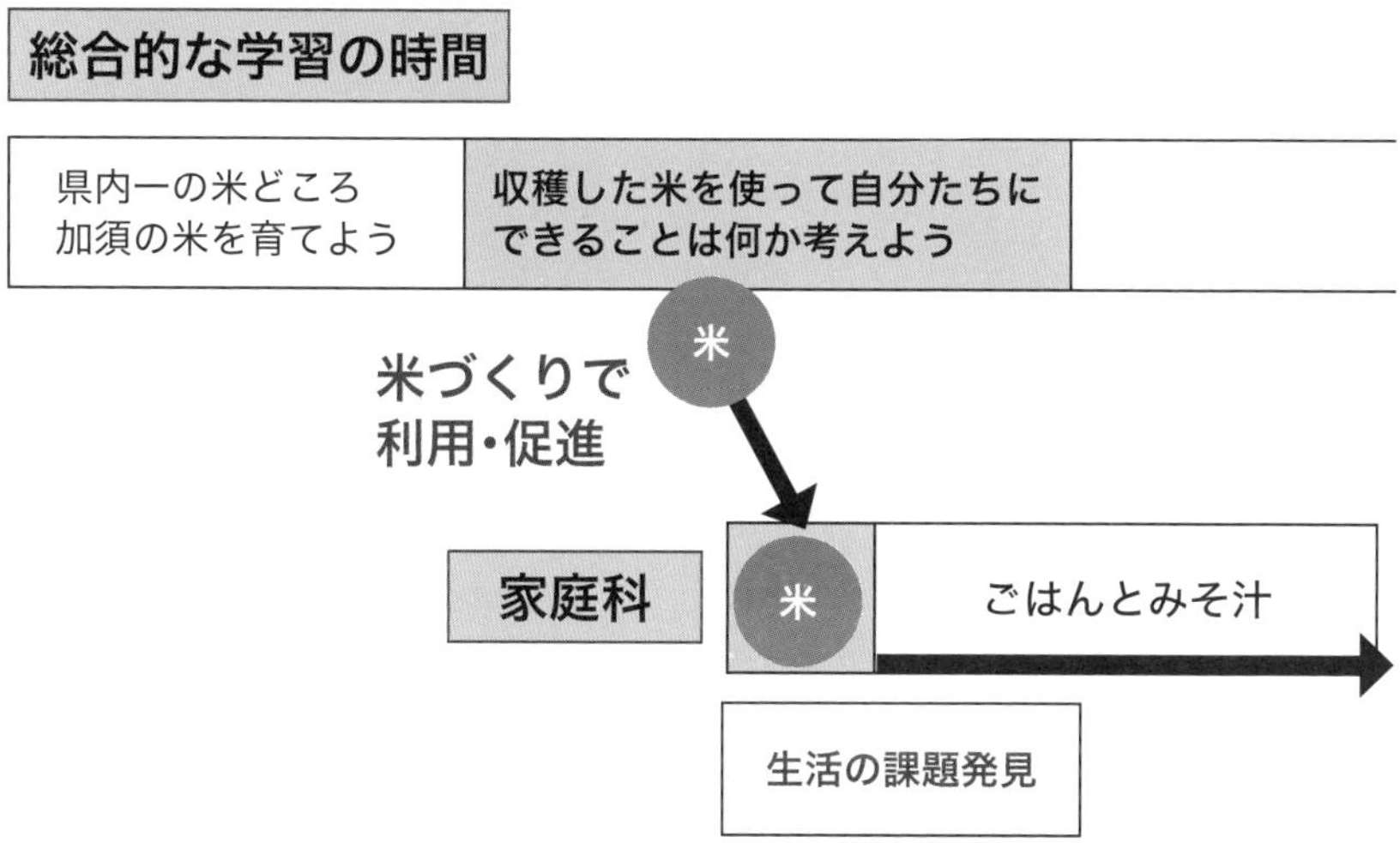

「給食の時間は米粒一つまで気にしていませんでしたが、写真や動画を見てみると、米粒が一つも残っていませんでした。自分たちでつくった米だからこそ、食事に対するありがたみがわかりました」

「米を洗っているときに、流しに落ちてしまった米がありました。普段、手伝いをしているときは流してしまうけれど、拾っている自分がいました。米粒を流さないように、ざるをうまく使って調理ができるように練習します」

「火加減も大切です。自分たちの米だからなのか、できあがるまで、鍋から離れる気持ちになりませんでした。出来上がるまで、わくわくどきどきしました。今は、炊飯器が炊いてくれるけれど仕組みを学ぶことができてよかったです」

総合的な学習の時間の米を利用したことで、家庭科における食事の大切さや調理の仕方などの「資質・能力」が確実に身に付いた姿を実現することができました。

単元の展開時：学習対象における自分がもっている情報を自覚化する

６年生の総合的な学習の時間では、地元のうどんをＰＲする単元に取り組んでいます。

そこでは、手打ちうどん体験やうどん店の取材を通して、うどんに対して愛着をもち、良さや魅力をＰＲしたいという思いを膨らませていきました。

単元配列を工夫し、国語科の「書くこと」の単元に学習対象としての「うどん」を利用していきます。国語科の学習過程の題材の設定時に、総合的な学習の時間の学習対象である「うどん」を取り上げます。

「総合的な学習の時間のうどんをＰＲするために、パンフレットをつくりたいな」「つくったパンフレットをうどん店においてもらえないかな」「なるほど。パンフレットが書けそうだ。総合のファイルや掲示物を見て考えてみようか」


　このように、自分がもっている情報を見えるようにし、自覚することで、その後の内容の検討や構成の検討の場面では、①たくさんの知識や情報をもっている。②相手意識や目的意識が明確になっている、ことが有効に機能してきます。その結果、国語科における「思考力、判断力、表現力等」である「集めた材料を整理したり、比較・分類したり、順位付けたり、相互性を考えたり、順序立てたり、関連付けたりすること」を獲得する学習活動が充実することとなり、「資質・能力」がより一層獲得しやすいものとなりました。

「うどんのＰＲのために何が大切かを大事にして、友達と話し合いながら決めることができた」「手元に情報が多くあったので、うどん店のために何を表現すればよいのか、選ぶことができた」「国語の時間にうどんのことを考えたことで、内容を十分に比較したり、友達と読み合わせしたりして、よく考えてつくることができた」と総合的な学習の時間の手元にある情報を自覚することで、国語科において身に付けたい「資質・能力」の育成に向けた授業を展開することができました（下図）。

最後に

教科等横断的な学びとして、各教科等の「資質・能力」を総合的な学習の時間で「活用・発揮」する①と、生活科や総合的な学習の時間の学習対象を各教科等で「利用・促進」する②を考えてきました。（次ページ）

①は「活用・発揮」することで、各教科等の「資質・

「利用・促進」により資質・能力の獲得の可能性が向上

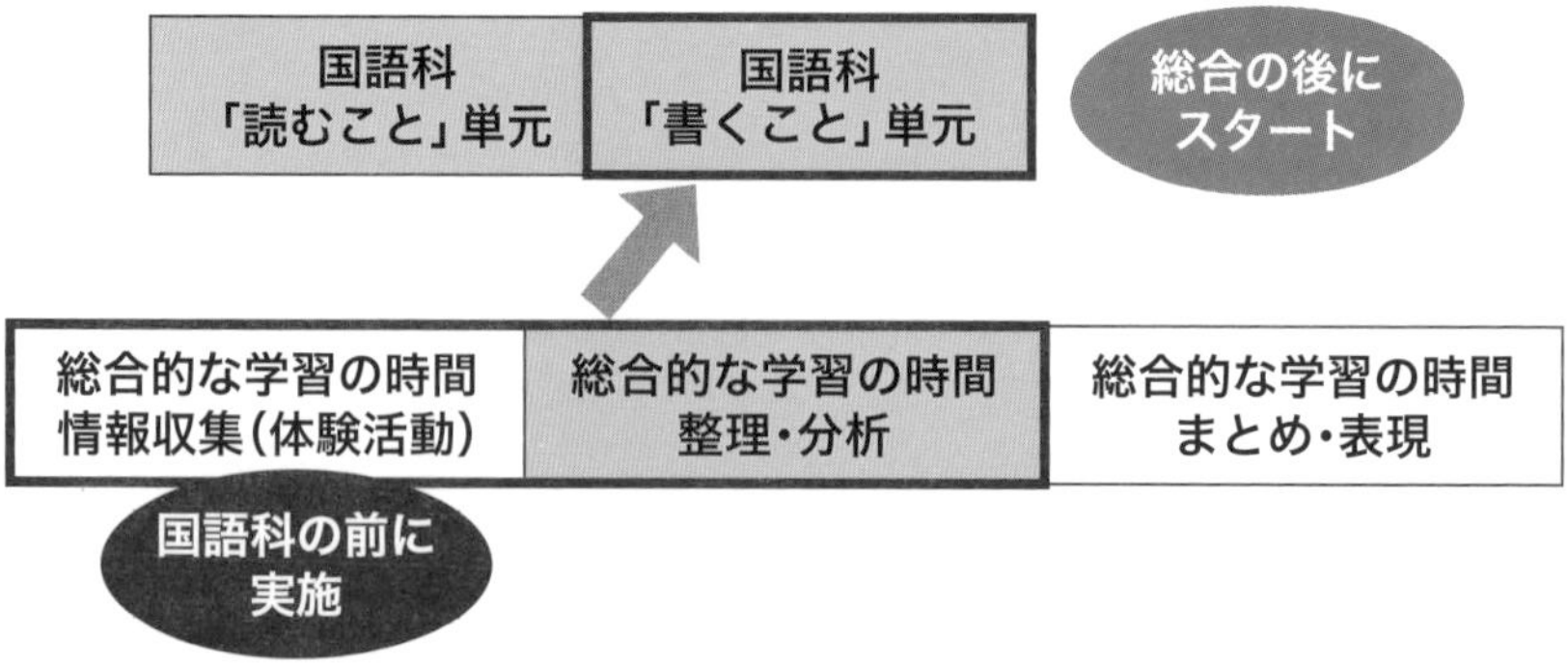

能力」が汎用的なものとなったり、獲得しやすくなったりする。

②は「利用・促進」することで、各教科等の「資質・能力」の獲得がしやすくなる状況が整い、確実に身に付くようになる。

関連や横断について二つの視点でカリキュラムを類型してきました。このことによって、教科等横断的な学びを意図的に行うことができるのではないでしょうか。子どもたちの「資質・能力」の獲得にどのような影響があるのかを考えていくことが求められているのではないかと考えています。

教科等横断的な学びを実現する二つの視点

教科等横断的なパターン	資質・能力(Aパターン)	学習対象(Bパターン)
各教科 → 生活総合	① 活用・発揮 関連単元①	
生活総合 → 各教科		② 利用・促進 関連単元②

★ 田村はこうみる

★〈ポイント1〉教科等横断を学習対象でデザインする

これまでは、「資質・能力」が「活用・発揮」されることを意識して関連をつくってきました。しかし、実践現場では、そこで扱う対象同士の共通性から関連を考えることもイメージしやすいといったことが語られます。そこで、学習対象の関連といったものを、もう一度整理し直してみようというのが林さんの実践です。

教科等横断といったものが、「資質・能力」の「活用・発揮」という水準のみならず、学習対象の共通点が高いということによる「資質・能力」の「利用・促進」が図れるのではないか。視野を少し広げることで、これまで以上に「資質・能力」の「活用・発揮」のイメージもクリアになるし、学習対象が共通化されることによってどういう関連が図れるかという、もう一方の道も明らかになってくるということだと思います。カリキュラム・デザインの横展開の関連単元については、さらに整理していく必要がありそうです。

★〈ポイント2〉質の高い関連が生まれる可能性

これまで多くの学校では、関連や横断について感覚的にやっていたことが多いように感じます。どういうふうに具体的に関連付ければいいのか、あるいは関連付けることによって、どういうメリット、効果があるのか、教師としてはどのようなことに配慮すればいいのか、といったことが見えてくれば、もう少し質の高い関連や横断の実践が生まれてくるのではないか。そんな期待感をもっています。

いままでは、「こっちでもお米を使って、こっちもお米だからつながっているよね」で終わっていたものが、総合的な学習の時間ではこういうふうに行って、もう一方の教科のときには、こういう単元構成にすると意味があるとか、こういう授業の実践をしていくと有効に機能するということが見えてくる可能性があるということです。

第3章では、
カリキュラム・マネジメントの実際、
カリキュラム・デザインのあれこれを
ざっくばらんに話し合います。
こぼれ話にヒントが見つかるかも…。
お楽しみに！

第3章

座談会
カリキュラム・マネジメントで
授業が変わる！
学校が変わる！
子どもが変わる！

カリキュラム・デザインを縦で考える

田村　今回は、カリキュラム・マネジメントの中核であるカリキュラム・デザインを縦と横で考えてきました。縦と横を意識してみて、いかがでしたか？

横田　これまでもグランド・デザインを描くことと、単元配列を考えることは連動させているつもりでしたが、改めてカリキュラム・デザインの縦を意識したことで、縦で捉えることの大切さを実感しました。

杉本　同感です。グランド・デザインの大切さはわかっているつもりでしたが、やはりどうしても単元配列表に重きが置かれていたというか…。今回、学校教育目標から見ることで、授業をするにも、教育目標という大目標につながっている意識ができて、誰もがその大目標に向かっているから校内研究もやりやすかったですね。

平松　柳沢小学校の実践でも、新木小学校の実践でも、校内の研究体制がすごいな、と思いました。教職員が一体になっ

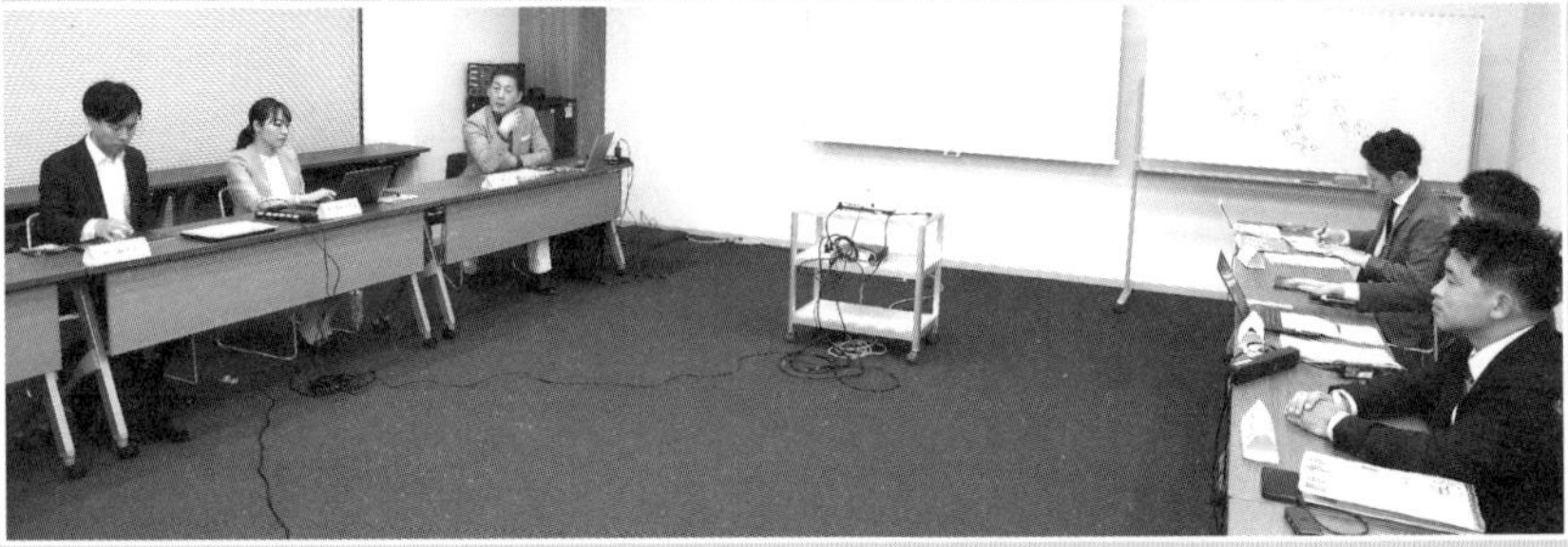

ている。ベクトルが同じという印象を受けましたが、カリキュラム・デザインを縦で考えたことの副産物ということですか?

杉本　そうですね。いままで学校教育目標というと行事のときに使うくらいで、お題目になりがちでしたが、教職員全員が教育目標を覚えて。覚えてというより、しっかり体得して、その大目標のために授業をつくる、子どもを見る、ということができました。ずっと同じ方向に向いていたので、授業研究もやりやすかったです。教員の感想を持ってきたので、ちょっと紹介しますね。

●文部科学省の方針と学校教育目標を合わせて考えたことで、基準を一つ定めることができてよかったです。このグランド・デザインをよりよいものにするために、現在の学校教育目標が子どもの実態に真に合っているかを考える必要があると思います。

●今まで学校教育目標を意識して考えたことがありませんでした。子どもの実態から、どんな子にしたいのか考え

田村 学先生

ることの大切さを改めて感じることができました。

● 教育目標と学習指導要領を合わせて考えることの大切さがわかりました。今年度キャリア担当になり、キャリアとは何か?と思っていたので、目指す子ども像が立てられたことで、キャリア教育の方向性が見えた気がします。

● 子どもの実態について考えてみて、実態を受けての課題から目指す子どもについて考えたことで、すごくしっくりきました。この見直すということがとても大事なんだと思いました。

● 子どもの良い点、これから伸ばしたい点を書いていくことは、よくやりますが、『学校教育目標と学習指導要領の目標とダブルスタンダードにならずに、具体的な言葉にしていくのが大切』という観点から研修していくのは新鮮でした。このグランド・デザインをもとに、自分ならどんな作戦を立てて指導していくのか、ゆっくり考えてみたいと思います。

杉本 一生先生
我孫子市立根戸小学校
（前任校：我孫子市立新木小学校）

横田　今ダブルスタンダードの話がありましたが、うちでも学校の課題として挙げられた「問題発見・解決能力」が学習指導要領には明確に示されておらず、言語化に取り組みました。ずいぶん苦戦したのですが、あのとき模索したことが、その後の授業にも生きていると思います。

田村　学校によっては育てたい力を「○○力」として定めているところも多いですからね。この「○○力」という汎用的能力と、三本柱からなる各教科等で育成を目指す「資質・能力」が併記され、目指す方向がダブルスタンダードのようになっている学校を目にすることがあります。三本柱と「○○力」が存在している場合は、「○○力」を三本柱にブレイクダウンする必要があるわけで、横田さんは「問題発見・解決能力」を「資質・能力」の三つの柱ごとに細かく整理されました。大変な作業ではありましたが、そのチャレンジによって目指している「問題発見・解決能力」がはっきり見えてきたということだと思います。

中岡　横田先生の言語化で苦しんだ経験が実になるという話

横田 美紗子先生
野田市立柳沢小学校

に共感します。うちで取り組んだ非認知の研究でも言語化に苦戦しました。田村先生のフォーマットを参考に、グループワークで取り組んだのですが、悩んで言語化したからこそ、それがそのまま評価に使えたわけで、子どもの学びはアウトプットすることによって確実なものになると言われますが、教師も同じで、長期目標から短期目標を明らかにする際に、生みの苦しみでアウトプットしたからこそ、その後の授業や評価に生きてくるんだな、と思いますね。

林　カリキュラム・デザインを縦で見るということは、上から降りてくるだけでなくて、下からの振り返りもあるということですね。子どもたちに振り返りが大切だと教えているけれど、我々にも振り返りが大切だということになりますね。

カリキュラム・デザインの横

～資質・能力でつなぐ～

田村　実践の中にも単元配列表がありましたが、実際、どん

平松正裕先生
柏市立柏第七小学校
（前任校：松戸市立北部小学校）

なふうに単元配列表をつくっていますか？

林　もっぱら単元配列表作成用のソフトを活用しています。

横田　私は文溪堂さんの「てんまる」（p62・63）を使っています。カリキュラムについて教員間の共通認識をもつためには単元配列表のつくりやすさ、共有のしやすさが大切です。「てんまる」では簡単な操作で単元配列表を作成でき、わかりやすい形式で見せ合うことができます。何のためにやっているかを意識することが効果的な授業につながると思います。

杉本　僕も「てんまる」を使っています。「てんまる」の単元配列表では単元ごとに色を付けることができるので便利です。共通の目標をもった単元を教科等横断で色付けし、関連性を可視化することで目標を意識して授業を行うことができます。

田村　単元配列表をつなぐときには育成を目指す「資質・能力」でつなぎたいと話してきましたが、実際の現場ではいかがですか？

林　「資質・能力」ベースでつなぐという発想は、残念ながら、まだ浸透していないのが現状ではないでしょうか？

中岡誠也先生
千代田区立九段小学校

平松　そうですね。研究を進めると理解が進むけれど、一般的にはまだ「資質・能力」でつなぐという話にまで進んでいない。

中岡　カリキュラム・マネジメントという言葉自体が独り歩きしている感もありますよね。

横田　わかります。なにかというと「カリキュラム・マネジメントで解決」と耳にしますし、「教師の働き方改革もカリキュラム・マネジメントで遂行しましょう」という文章を目にしたこともあります。言葉ばかりで、カリキュラム・デザインを縦で見るとか、「資質・能力」でつなぐといった深い話にはなっていないのが歯がゆいですね。

杉本　でも、浸透はしていないけれど、ものすごく可能性はあると実感しています。先ほど紹介した教員のアンケートの単元配列表・単元計画の部分からちょっと読み上げてみますね。

●「資質・能力」の活用と関連付けていくことで、より授業づくりの視点が明確になったなと思いました。

林 大輔先生
加須市立礼羽小学校

●教科を越えて学習をつなげていくイメージがもてませんでしたが、単元配列表で実際にやってみると意外とつながり、「資質・能力」を育てながら、子どもが楽しくなるような授業や総合の単元を考えることができました。

●単元配列表で内容的、資質・能力的につながりを探していくのはおもしろいと思いました。「教科書を教える」のではなく「教科書などで教える」という意識が先生方に必要だなと思いました。併せて、評価についても、どう評価するのか考えるのが大事だなと感じました。

●学年で話し合う中で、単元配列表を見ながら関連付けていくことで、なんとなく見えてきました。総合的な学習の時間との関わりを考えていくと、とても楽しそうだなと思いました。体験や楽しいゴールがあると子どももワクワクするなと感じました。自分も子ども時代こんな学習がしたかったです。

●年度はじめに見直し、計画を立てることの大切さがよくわかりました。はじめてでしたが、単元の配列を考える

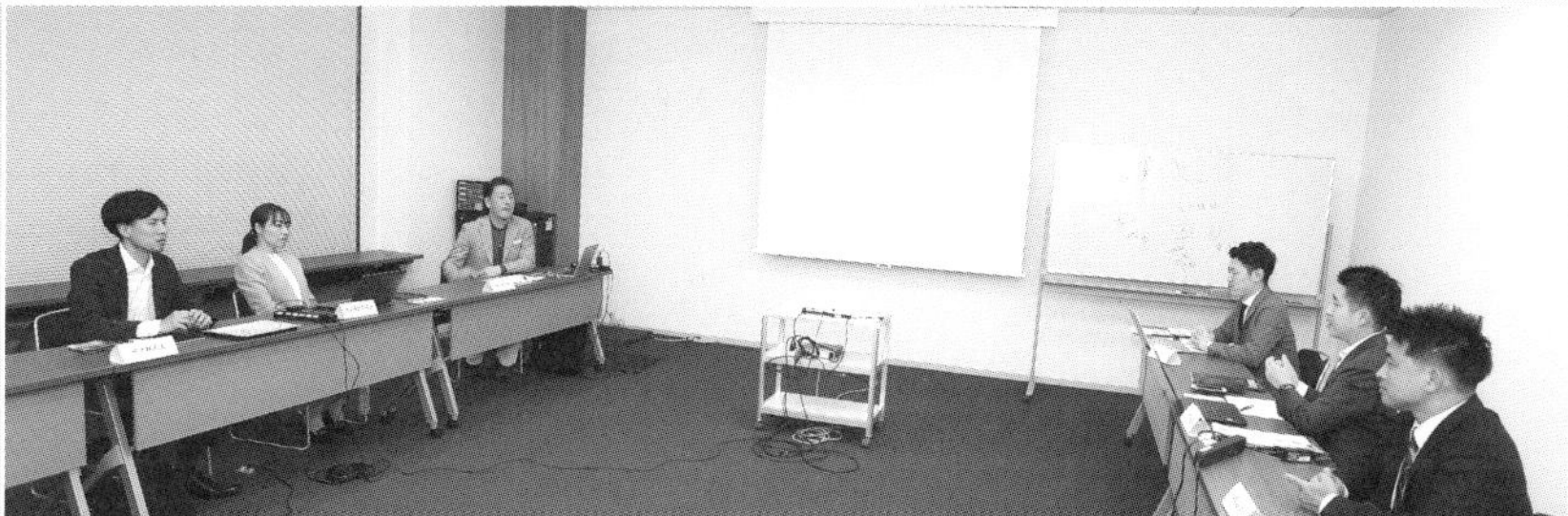

のが楽しくて、ワクワクしました。

●昔から総合的な学習の時間は発表のためにやっていて、なんとなくやってきたので真剣に考えてなかったように感じます。しかし、校内研修会を通して大切な学習なのにないがしろにしてきたなと反省しました。これから、総合的な学習の時間について頑張っていきたいです。

●教科等間で関連をもたせることが大切で、効果的だとわかりました。英語専科ですが、総合的な学習の時間のテーマにある地域を活用して、学習活動を考えてみたいと思います。

●生活科と他教科の関連をなんとなく行っていたことが、はっきりと明確にすることによって目的をもってスムーズにできそうだと思いました。より生活科が生き生きしてくるなと思いました。

平松　なんだか元気が出ますね。授業に見通しがもてるようになるというのは、とても大きいことだと思います。

林　若い先生で、教科の関連を年間指導計画に入れてみて、つないでいるという話も聞きます。つながりが見えてくると意識が変わるという声も多いですよね。

横田　校内研修などのグループ活動のときに、若手の先生とベテランの先生を一緒のグループにすると、相乗効果が得られます。若い先生がベテランの先生に「この学年の単元配列をちょっと見てもらってもいいですか」と頼んで見てもらうと、経験則で語ってくれて、それが若い先生にとってすごく勉強になるようです。

田村　先ほどの横田さんの実践では、ち密なデータ分析から重点単元、関連単元を設定されていました。もちろんデータを揃えて、重点単元を設定することも必要だけれど、経験則的に重点単元を設定できることもありますよね。地域の特色、学校の実態、過去の実践などから決めることもあってよいと思うんです。私はよく学校の独自性を大切にしよう、と話していますが、単元配列を決めるときにも、学校独自の裁量があってよいはずです。若い先生の型にはまらない発想と、ベテラ

ンならではの、ベテランのもっている豊かな知見を生かすこともカリキュラム・マネジメントのよさだと思います。

中岡　学校の中でうまくスクラムが組めるといい。仲間をつくっていくことも大切ですよね。

横田　以前受けた研修で、ある校長先生から「みんなが走っていなくても、走れる人だけでも走れ！　きっと周りはついてくる」という言葉を聞いたことがあります。カリキュラム・マネジメントを進めるにあたり、学校ごとの温度差もあり、学校内でも足並みが揃わないこともあるでしょうが、よさをわかってくれる人も多いはず。動き出したら何かが変わります。先ほどのように、若手の先生の質問でベテランが力を見せてくれることもあるし、何より、子どもたちが教科等横断的な見方をするようになってきます。

林　子どもたちの変化ですか？

横田　例えば、理科で台風の学びをしたら、データの調べ方を駆使して日々の天気予報と連動させたり、過去の気象データから行事の日程を提案してきたり。インターネットで調べ

学習をしたりすると、彼らの知識欲が刺激され、驚くほどに調べたりしませんか？　田村先生の仰る頭の中がフル回転して駆動している状態。知りたい、学びたい、という意欲を感じ、「わー、かなわないな」と思いながら見ています。

田村　ところで、杉本さんの実践で、子どもたちに単元計画表を渡し、矢印を結ばせる、というのがありましたよね。

杉本　はい。僕は「てんまる」を使っているのですが、「てんまる」でつくった単元配列表は情報が整理されて見やすいため、子どもたちが見ても理解しやすい。年間を見通して、どの時期に何のために各単元を学ぶのかを意識させることは子どもの学びへの主体性を高めると考えています。

田村　今、時期の話が出ましたが、単元配列を見直すのは皆さん、年度終わりですか？　それとも年度はじめでしょうか？

横田　異動もあるので、年度が替わってからという学校が多いのかもしれませんが、前年の成果と課題、子どもの実態等も含めて次に生かすという発想であれば、年度末までには実施したいですよね。

田村　これまでカリキュラム・マネジメントの中核であるカリキュラム・デザインを縦と横で考えてきました。この本を手に取ってくださった先生方が、カリキュラム・デザインを縦で見ることの意義を感じ、横でつくりあげるおもしろさと奥深さを体感していただけるといいな、と思います。最後に一言ずついただいて締めましょうか。では、実践の順で、横田さんからどうぞ。

横田　カリキュラム・マネジメントという言葉が独り歩きしてしまって、何から手を付けたらいいのかわからない、という方も多いと思います。高い壁を感じるかもしれませんが、やってみるとよいことが多いです。校内で話せる相手を見つけるところから、軽い気持ちで取り組んでみてはいかがですか。

杉本　カリキュラム・デザインの縦を見直すことをぜひ、おすすめします。校内で大目標が共有できると、本当に子どもを見る目も変わるし、授業も変わります。教職員が同じ方向を向いているということは、地域にも家庭にももちろん目の前の子どもにもよい影響を与えます。カリキュラム・デザイ

ンを縦で見ることの大切さを強調したいですね。

平松　教科と総合的な学習の時間を育てたい「資質・能力」でつなぐことで、授業が立体的になり、子どもたちも教える自分もワクワクできます。地域の方々の信頼と協力を得ることもできます。授業改善の近道は、カリキュラム・マネジメントだと思っています。楽しんで取り組んでください。

中岡　見えにくい「学びに向かう力」を見取る際、言語によって振り返る活動の大切さを実感しました。授業づくりシート（p141）を活用すると授業づくりがしやすくなります。多くの先生方に、ぜひ、活用していただきたいと思います。

林　私の実践はまだ研究段階です。有益な報告ができるよう頑張ります。こういった集まりもカリキュラム・マネジメントを浸透させるために大切だと思います。また、研究報告会ができたら嬉しいです。

田村　そうですね。素敵な実践と座談会をありがとうございました。

一同　ありがとうございました。

あとがき

「カリキュラム・マネジメント」は、この度の学習指導要領改訂の最重要キーワードの一つです。その大切さや必要性は何となくわかるものの、「どんなことをするの」「手順はどうなっているの」と、その具体があいまいになっているように思います。

前書『「深い学び」を実現するカリキュラム・マネジメント』に続く第二弾として、単元配列表を起点にした実践事例を複数用意し、構造的に整理してみました。とりわけ、カリキュラムを「縦」と「横」でデザインすることに焦点化して表しています。実践事例を交えてわかりやすく紹介していますので参考にしていただければ幸いです。

単元配列表を起点にカリキュラムのデザインを行うことによって、次に示すようなメリットが生まれてきます。

一つ目は、教師間の連携やチームワークの向上です。校内の先生方が協働的になったり、他教科の学びへの理解が進んでいったりすることが考えられます。このメリットはカリキュラム・マネジメントそのものの利点ではありますが、「総合的な学習（探究）の時間」を中核にすることで生じるメリットでもあります。地域の教材を使用したり、地域の人材が参画したりすることにより、「社会に開かれた教育課程」の実現にもつながります。学校という閉じた世界を豊かに開く可能性があるということです。

二つ目は、子どもの学習の達成状況の把握が容易になります。すべての教科や教育活動において、どのような学びが実現されているかを俯瞰して見ることができるようになります。特に、教科担任制においては、学びを俯瞰できるようにカリキュラムをデザインし、マネジメントしていくことが、子どもの学びをよりよく把握することに結び付きます。デザインしている教師の視野が広がってくると、実際の授業で学んでいる子どもの姿を豊かに見取ることができるようになります。

メリットの三つ目は、学習指導要領の理解の促進です。現在の学習指導要領は、「資質・能力」の育成という方針の下、大きな変化が生まれ誕生しました。しかし、その実情を十分に承知している人は、案外と多くないようです。学習指導要領の変化とその実際を把握することができれば、「資質・能力」を「活用・発揮」できる場面を用意することができます。結果的に、各教科の中で培われた力が「総合的な学習（探究）の時間」を中心に「活用・発揮」され、教科の学習内容も確かになっていきます。さらには、子どもの暮らしの場面や実際の社会の中で教科の学習がどのように発揮されているかにも目を向けることができるようになります。

四つ目は、教師一人ひとりが、自身の専門性を発揮しながら意見交換できるようになることです。算数科や数学科のカリキュラムは数学科が専門の教師でなければ議論しづらい面がありました。そういった考えを払拭し、教科の壁を超えて活発に議論できるようにすることも、単元配列表を起点にしたカリキュラムをデザインするメリットと言えそうです。

「総合的な学習（探究）の時間」を中核にした単元配列表を起点に、カリキュラムのデザインを行うことは、学び手の立場に立ち、子どもが自ら探究していく学びの姿を重視した教育、授業を目指すことでもあります。これにより探究的で創造的な学習や協働的な学びに向かっていくことになります。

その一方で、各教科で学ばなければならない基本的な知識や、反復することにより定着する技能などが疎かになっては意味がありません。こういった部分もフォローしながら、カリキュラムをデザインし、マネジメントしていくべきでしょう。

カリキュラム・マネジメントを行う上で、教師の負担が増えることも心配です。教師間のコミュニケーションが必要になり、学びを俯瞰する単元配列表も必要になることから、ある程度の時間はかかることが予測されます。しかし、それ以上のメリットがあり、実行する価値があることも事実です。メリットの前にある負担感を、どのように和らげるかは管理職の仕事とも言えます。実施のための効率化や条件整備、環境づくりなどをはじめ、トップリーダーが方向性を示すことが求められます。また、トップリーダーとミドルリーダーが連携し、タイムマネジメントを行うことなども重要なポイントになります。

　カリキュラム・マネジメントが適切に行われるためには、これまで以上に、教え手である教師が、学び手である子どもたちの視点に立たなければなりません。俯瞰した視点で学びの地図を描こうとする作業でもあり、学び手がどのような学びをしているか、その成長を見届けることでもあります。結果的に、教師目線に偏りがちだった指導性が、子ども重視のものに転換していくことにつながります。子どものよさや学びの姿が、これまで以上に豊富に見えるなどの教師への恩恵をもたらし、学校で働く日々の生活を豊かにしてくれるものになるでしょう。

最後に、本書の作成にあたり、野田市立柳沢小学校の横田美紗子さん、我孫子市立根戸小学校の杉本一生さん、柏市立柏第七小学校の平松正裕さん、千代田区立九段小学校の中岡誠也さん、加須市立礼羽小学校の林大輔さんにカリキュラム・デザインを縦横に展開する好事例をご提示いただき、ともに学ぶことができました。また、文溪堂の野田智子さん、装文社の池田直子さんから支えていただきました。深くお礼を申し上げます。

2024年2月吉日　田村　学

執筆者紹介（掲載順）

田村　学　　國學院大學 教授

横田美紗子　野田市立柳沢小学校 教諭

杉本一生　　我孫子市立根戸小学校 教諭
（前任校：我孫子市立新木小学校）

平松正裕　　柏市立柏第七小学校 教諭
（前任校：松戸市立北部小学校）

中岡誠也　　千代田区立九段小学校 教諭

林　大輔　　加須市立礼羽小学校 教諭

後列左から　中岡先生、平松先生、林先生
前列左から　杉本先生、田村先生、横田先生

参考文献

文部科学省（2017）『小学校学習指導要領（平成29年告示）』東洋館出版社

文部科学省（2017）『小学校学習指導要領（平成29年告示）解説　総則編』東洋館出版社

文部科学省（2017）『小学校学習指導要領（平成29年告示）解説　社会編』日本文教出版

文部科学省（2017）『小学校学習指導要領（平成29年告示）解説　算数編』日本文教出版

中央教育審議会（2015）『教育課程企画特別部会　論点整理』

中央教育審議会（2016）『幼稚園、小学校、中学校、高等学校及び特別支援学校の学習指導要領等の改善及び必要な方策等について（答申）（平成28年12月21日）』

国立教育政策研究所（2012）『学校における持続可能な発展のための教育（ESD）に関する研究［最終報告書］』

田村学（2017）『カリキュラム・マネジメント入門』東洋館出版社

田村学（2018）『深い学び』東洋館出版社

田村学（2019）『「深い学び」を実現するカリキュラム・マネジメント』文溪堂

田村学（2021）『学習評価』東洋館出版社

参考教科書

本文掲載ページ			
P60	東京書籍	社会	「新しい社会５上」 令和２年度版
P62、63	教育出版	国語	「ひろがる言葉小学国語五上」 令和２年度版
	東京書籍	社会	「新しい社会５上」 令和２年度版
	東京書籍	算数	「新しい算数５上」 令和２年度版
	大日本図書	理科	「たのしい理科５年」 令和２年度版
	教育芸術社	音楽	「小学校の音楽５」 令和２年度版
P97	東京書籍	社会	「新しい社会５上」 令和２年度版
	東京書籍	算数	「新しい算数５上」 令和２年度版
	大日本図書	理科	「たのしい理科５年」 令和２年度版
	教育芸術社	音楽	「小学校の音楽５」 令和２年度版
	開隆堂出版	図工	「図画工作５・６上心をひらいて」 令和２年度版
P141	東京書籍	社会	「新しい社会５上」 令和２年度版
P142、143	光村図書	国語	「国語六創造」 令和２年度版
P146、147	光村図書	国語	「こくご二上たんぽぽ」 令和２年度版

編著者紹介

國學院大學　人間開発学部初等教育学科教授

田村 学（たむら・まなぶ）

新潟県出身。新潟大学卒業後、新潟県公立小学校教諭、上越教育大学附属小学校教諭、新潟県柏崎市教育委員会指導主事、文部科学省初等中等教育局教育課程課教科調査官・国立教育政策研究所教育課程研究センター研究開発部教育課程調査官を経て、2015年４月より文部科学省初等中等教育局視学官。2017年４月より現職。生活科と総合的な学習の時間を中心に考えながら、授業づくりやカリキュラムのデザインの研究に携わっている。著書に『授業を磨く』、『カリキュラム・マネジメント入門』、『生活・総合「深い学び」のカリキュラム・デザイン』、『深い学び』、『学習評価』、『生活・総合　資質・能力の育成と学習評価』（東洋館出版社）、『「探究」を探究する　本気で取り組む高校の探究活動』（学事出版）、『深い学びを育てる思考ツールを活用した授業実践』、『「ゴール→導入→展開」で考える「単元づくり・授業づくり」』（小学館）、『探究モードへの挑戦』（人言洞）、『「深い学び」を実現するカリキュラム・マネジメント』（文溪堂）、ほか多数。

編集協力　池田直子（株式会社 装文社）
装丁・デザイン　川尻まなみ（株式会社 コスミカ）
DTP　三浦明子（株式会社 コスミカ）
写真　佐藤正三（スタジオ・オレンジ）
イラスト　ニホン美術印刷株式会社

「縦と横」で考える
カリキュラム・デザイン

2024年2月　第1刷発行

編著者　田村 学
発行者　水谷泰三
発行所　株式会社**文溪堂**
東京本社／東京都文京区大塚３－16－12　〒112-8635
TEL　03-5976-1310（代）
岐阜本社／岐阜県羽島市江吉良町江中７－１　〒501-6297
TEL　058-398-1111(代)
大阪本社／大阪府東大阪市今米２－７－２４７　〒578-0903
TEL　072-966-2111（代）
ぶんけいホームページ　https://www.bunkei.co.jp/
印刷・製本　図書印刷株式会社

ISBN978-4-7999-0529-6 NDC375 200P 210㎜× 148㎜